SOLFÈGE

PRATIQUE ET THÉORIQUE

AVEC

ACCOMPAGNEMENT DE PIANO

PAR

LOUIS MÜLLER

Maître de Chapelle et Professeur de chant au Collège Stanislas

PRIX : **6** FR. NET

Le même, Cartonné ; Pr. net : **7** Fr.

Le même, sans Accompagnement (format in-16) broché, Prix net : **1** fr. **25**

Le cartonnage en plus : **0** fr. **25** net.

PARIS ALPHONSE LEDUC, ÉDITEUR

3, rue de Grammont

Tous droits de Traduction réservés.

Propriété pour tous les Pays.

LOUIS MÜLLER. — SOLFÈGE

PREMIÈRE PARTIE

PRINCIPES ÉLÉMENTAIRES — INTONATION

Les noms des sept sons qui composent l'alphabet musical sont :

DO,(*) RÉ, MI, FA, SOL, LA, SI.

Ces sept sons se disposent sur une échelle de cinq lignes parallèles dont l'ensemble prend le nom de *Portée*.

5.e ligne .... 4.e interligne.
4.e ligne .... 3.e interligne.
3.e ligne .... 2.e interligne.
2.e ligne .... 1.re interligne.
1.re ligne ....

Les sept sons sont représentés par des signes qu'on appelle notes ; (● ○ ou ○) on les place sur les lignes et dans les interlignes.

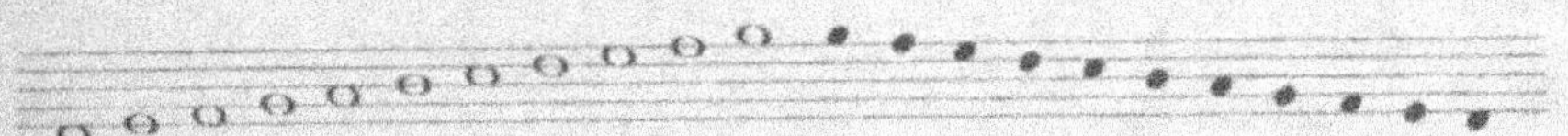

Pour déterminer le nom des notes sur la portée, on place sur l'une des cinq lignes un signe appelé *Clé*.

Cette clé donne son nom à la note placée sur cette ligne.

Il y a en musique trois sortes de clés, savoir :

La clé de *Sol* (𝄞) sur la 2me ligne.

La clé de *Fa* (𝄢) sur la 4me ligne.

La clé d'*Ut* (𝄡) sur la 1re 3me ou 4me ligne. }(**)

Clé de
SOL

Le nom des notes, en musique, dépend de leur position sur la portée et de la clé dont celle-ci est armée. La position du Sol étant déterminée, on trouve facilement les autres notes d'après ce point de départ.

(*) *Ut* a été remplacé par *Do*. Cette syllabe est généralement admise dans l'enseignement du Chant.

(**) Dans cette *Première Partie*, nous ne faisons qu'indiquer les clés de *Fa* et d'*Ut*. (Voir le Questionnaire page 46.)

Paris, ALPHONSE LEDUC, Éditeur.   A. L. 6888.   (Gravé chez Alphonse Leduc)

EXERCICES PRATIQUES
pour apprendre à nommer les notes[*]

NOTES

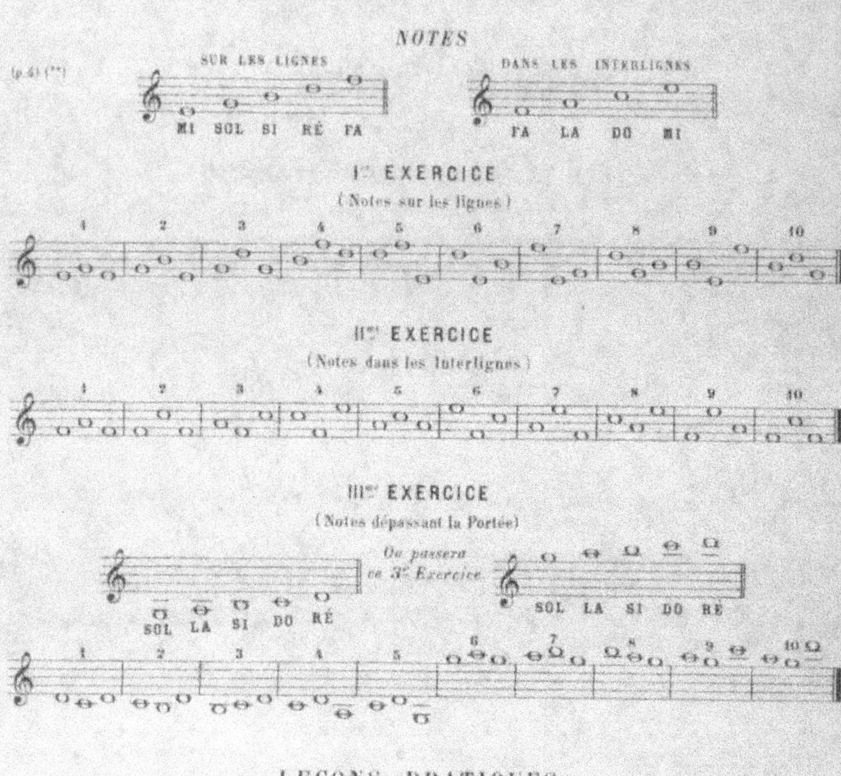

LEÇONS PRATIQUES
pour apprendre à nommer les Notes de la Clé de Sol[***]

(*) Il est très-utile, dès la 1.re Leçon, de bien faire prononcer
le nom des notes, et de faire apprendre, par cœur, les notes sur
les lignes et dans les interlignes.

(**) Le petit chiffre placé au-dessous de chaque N°, indique la
page de l'Édition du Solfège sans accompagnement.

(***) Il dépend de la volonté du professeur de faire faire ces
exercices à haute voix, par tous les élèves ou bien par chacun
séparément. Ne jamais passer d'un exercice à un autre que lorsque le précédent est bien su.

de SOL à RÉ
(MEDIUM)

IIᵉ LEÇON

TABLEAU COMPARATIF DES DIVERSES VALEURS DES NOTES ENTR'ELLES

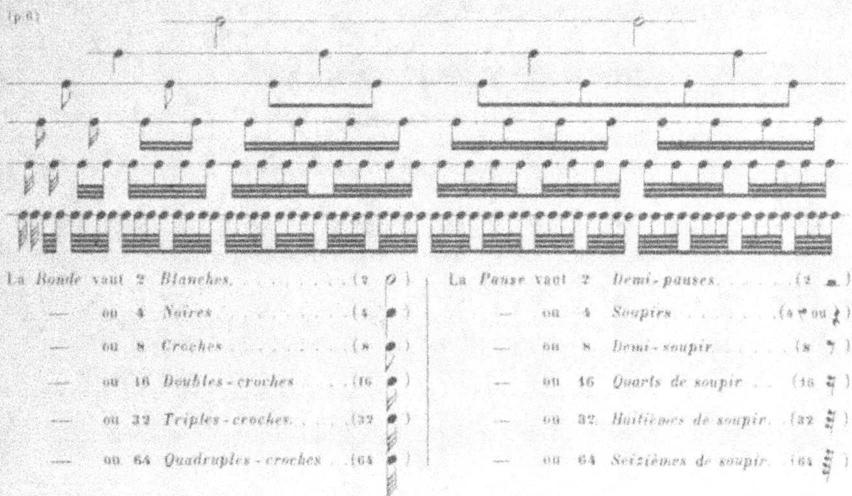

La Ronde vaut	2	Blanches	(2 ○)	La Pause vaut	2	Demi-pauses	(2 ▬)
—	ou 4	Noires	(4 ●)	—	ou 4	Soupirs	(4 ou)
—	ou 8	Croches	(8 ●)	—	ou 8	Demi-soupir	(8)
—	ou 16	Doubles-croches	(16 ●)	—	ou 16	Quarts de soupir	(16)
—	ou 32	Triples-croches	(32 ●)	—	ou 32	Huitièmes de soupir	(32)
—	ou 64	Quadruples-croches	(64 ●)	—	ou 64	Seizièmes de soupir	(64)

FIGURES et VALEUR des NOTES et des SILENCES

NOTES

(p.7)

FIGURES						
1	2	3	4	5	6	7
NOMS						
Ronde.	Blanche.	Noire.	Croche.	Double croche.	Triple croche.	Quadruple croche.
1	$\frac{1}{2}$	$\frac{1}{4}$	$\frac{1}{8}$	$\frac{1}{16}$	$\frac{1}{32}$	$\frac{1}{64}$
DURÉE						
Unité de durée.	La moitié de ◯	1 quart de ◯	1 huitième de ◯	1 seizième de ◯	1 trente deuxième de ◯	1 soixante quatrième de ◯

SILENCES

FIGURES						
1	2	3	4	5	6	7
NOMS						
Pause. (Sous la ligne)	Demi-pause. (Sur la ligne)	Soupir.	Demi-soupir.	Quart de soupir.	Huitième de soupir.	Seizième de soupir.
1 correspond à la	$\frac{1}{2}$	$\frac{1}{4}$	$\frac{1}{8}$	$\frac{1}{16}$	$\frac{1}{32}$	$\frac{1}{64}$
DURÉE						

COMPARAISON DES VALEURS ET DES SILENCES DANS LA PORTÉE

FIGURES DES NOTES ET DES SILENCES (*)

EXERCICES PRATIQUES

L'appellation des notes et des silences pourra être faite à haute voix
par tous les élèves ou successivement par chacun d'eux.

(p.8)

(*) Le professeur, en questionnant les élèves, aura soin d'expliquer ce que l'on entend par Unité ou note entière, moitié, quart, huitième, seizième, trente-deuxième, soixante-quatrième.

Cette dernière dénomination indique positivement les valeurs, tandis que les mots Ronde, Blanche, Noire, &. &., ne l'indiquent que parce que l'on est convenu d'appeler ainsi ces différentes valeurs.

ÉTUDE DE LA GAMME

DIVISION DIATONIQUE DE LA GAMME

INTERVALLES SIMPLES

(q.9)

On appelle *GAMME*, une série de notes qui se succèdent dans l'ordre suivant: *Do, Ré, Mi, Fa, Sol, La, Si, Do.* Chacune de ces notes est un degré de la Gamme. La Gamme entière est composée de deux demi-Gammes exactement semblables. *Do, Ré, Mi, Fa — Sol, La, Si, Do.*

DIVISION DE LA GAMME[*]

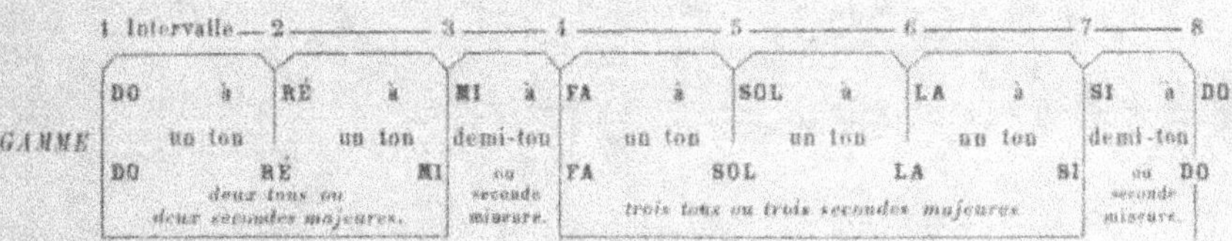

La distance d'un degré à un autre se nomme *Intervalle*.

Les intervalles prennent le nom de *Seconde, Tierce, Quarte, Quinte, Sixte, Septième, Octave,* selon qu'ils sont formés par 2, 3, 4, 5, 6, 7, 8 degrés.

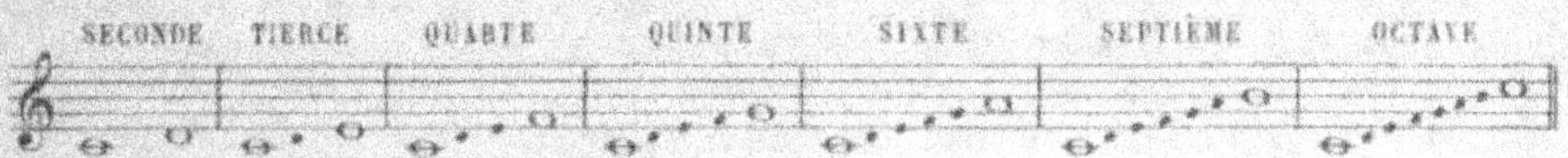

Le plus petit intervalle admis en musique est l'intervalle de *Seconde*; c'est l'unité constitutive de tous les intervalles[**]

L'intervalle de *Tierce* est composé de trois notes diatoniques; celui de *Quarte*, de quatre, et, en ajoutant ainsi toujours une unité, on obtient les intervalles de *Quinte*, de *Sixte*, de *Septième* et d'*Octave*.

Pour transcrire la gamme diatonique ascendante et descendante sur la portée avec la clé de Sol, (𝄞) on la fait figurer comme ci-après:

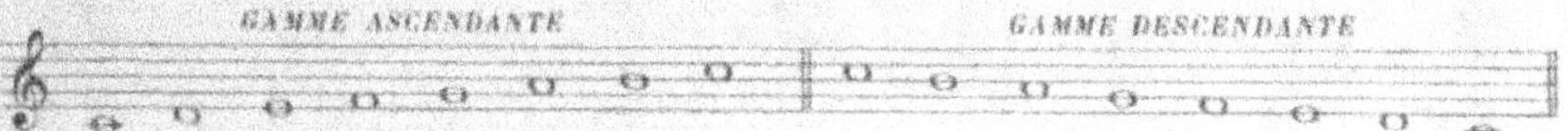

Les deux Gammes sont le produit d'un nombre de secondes successives. Les secondes successives ne sont autre chose que les intervalles naturels qui séparent les différents degrés de la Gamme.

La Gamme telle qu'elle est transcrite sert de base à l'intonation dans notre système musical.

---

[*] Voir le Questionnaire page 50.

[**] Nous ne voulons parler ici que des intervalles naturels.

PREMIER TABLEAU D'INTONATION

INTERVALLE DE SECONDE

1ᵉʳ EXERCICE

2 DEGRÉS
(un ton ou un demi-ton)

(Faites répéter souvent ce 1ᵉʳ Exercice)

NOTA.—Les Virgules indiquent la respiration.—On solfiera le 1ᵉʳ Exercice lentement et les deux autres plus vite en répétant chacun d'eux plusieurs fois de suite.

2ᵐᵉ EXERCICE

Faites prononcer franchement le nom de toutes les notes.

3ᵐᵉ EXERCICE

Prenez un mouvement plus animé que ci-dessus.

Lento.

Lento.

DEUXIÈME TABLEAU D'INTONATION

INTERVALLE DE TIERCE

1ᵉʳ EXERCICE

3 DEGRÉS
(deux tons ou un ton et demi)

(Répétez plusieurs fois le 1ᵉʳ Exercice)

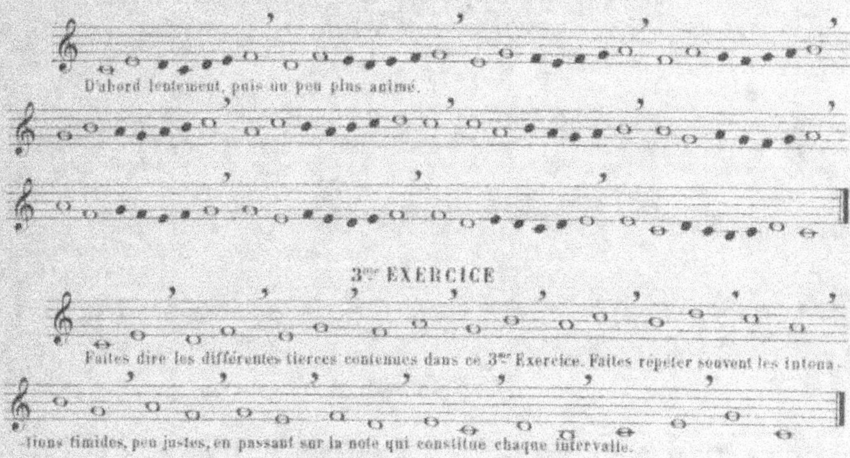

TROISIÈME TABLEAU D'INTONATION

INTERVALLE DE QUARTE

1er EXERCICE

QUATRIÈME TABLEAU D'INTONATION
INTERVALLE DE QUINTE

1ᵉʳ EXERCICE

5 DEGRÉS
(Trois tons et un demi-ton)

2ᵐᵉ EXERCICE

3ᵐᵉ EXERCICE

CINQUIÈME TABLEAU D'INTONATION
INTERVALLE DE SIXTE

1ᵉʳ EXERCICE

6 DEGRÉS
(Quatre tons et un demi-ton)

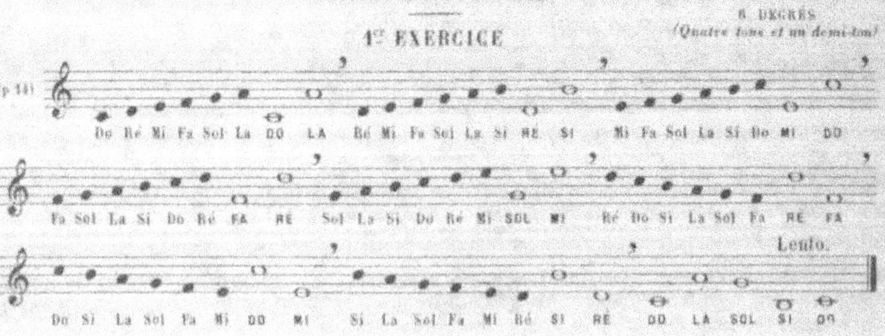

2me EXERCICE

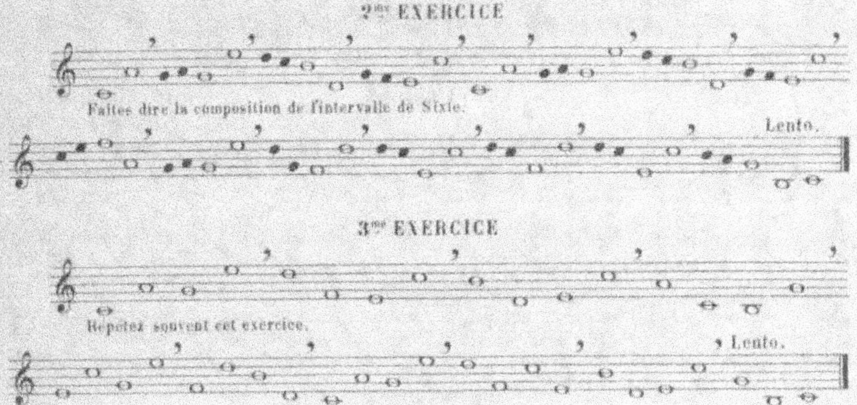

3me EXERCICE

SIXIÈME TABLEAU D'INTONATION
INTERVALLE DE SEPTIÈME

7 DEGRÉS
(Cinq tons et un demi-ton)

1er EXERCICE

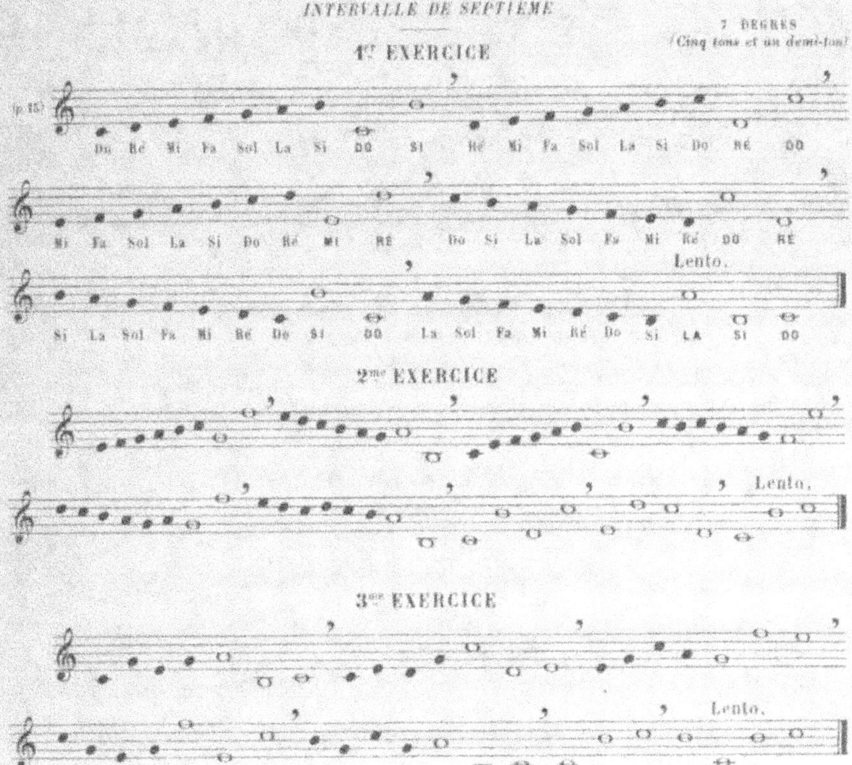

2me EXERCICE

3me EXERCICE

SEPTIÈME TABLEAU D'INTONATION
INTERVALLE D'OCTAVE

1ᵉʳ EXERCICE

8 DEGRÉS
(Cinq tons et deux demi-tons)

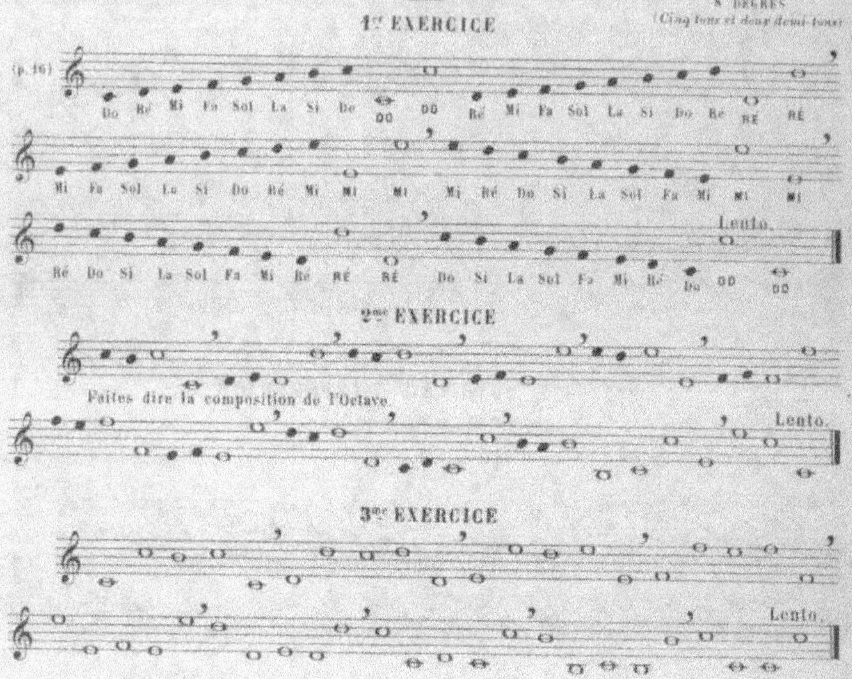

2ᵐᵉ EXERCICE

3ᵐᵉ EXERCICE

HUITIÈME TABLEAU D'INTONATION
RÉCAPITULATION DE TOUS LES INTERVALLES SIMPLES

(p. 17)

Avant de faire chanter les Exercices suivants, on fera dire la composition des différents intervalles de chacun des groupes; cette manière de procéder est un moyen sûr d'acquérir une intonation franche et correcte.

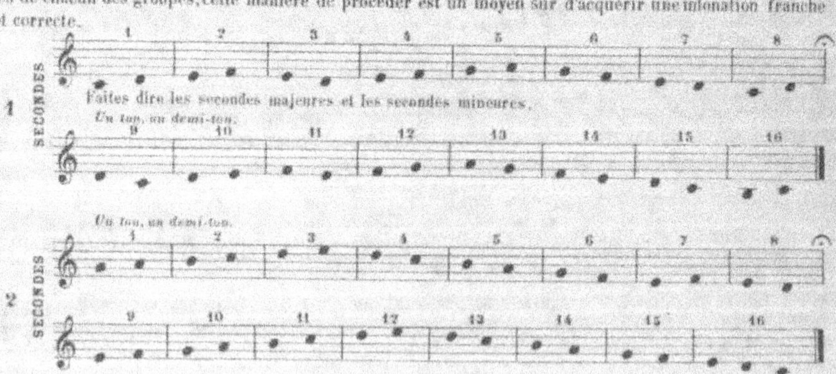

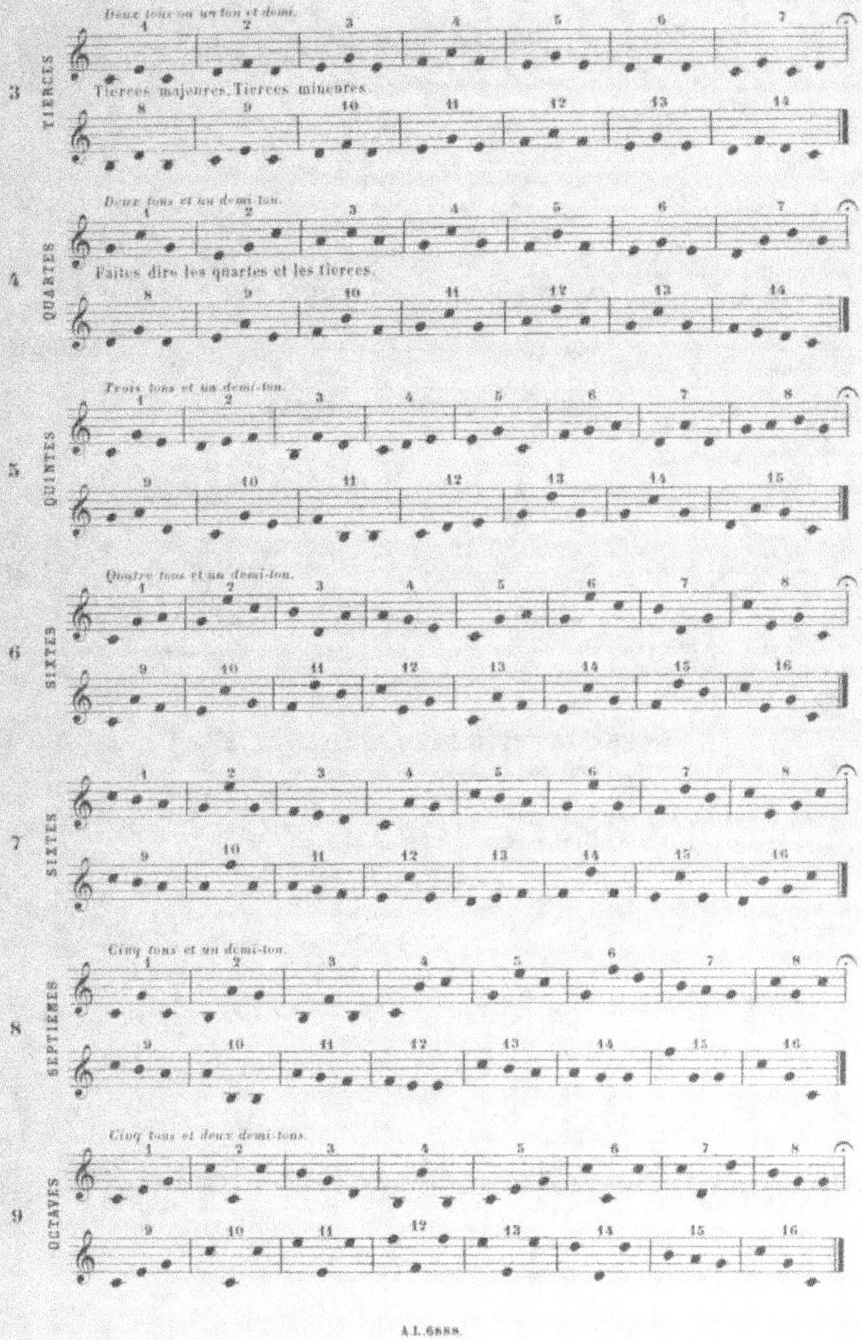
3 TIERCES
Deux tons ou un ton et demi.
Tierces majeures. Tierces mineures.
4 QUARTES
Deux tons et un demi-ton.
Faites dire les quartes et les tierces.
5 QUINTES
Trois tons et un demi-ton.
6 SIXTES
Quatre tons et un demi-ton.
7 SIXTES
8 SEPTIÈMES
Cinq tons et un demi-ton.
9 OCTAVES
Cinq tons et deux demi-tons.

DE LA MESURE

(p. 19)

Il y a, en musique, trois espèces de mesures, savoir :

La mesure à *deux temps* s'indiquant par le chiffre. $\frac{2}{4}$

La mesure à *trois temps* s'indiquant par le chiffre $\frac{3}{4}$

La mesure à *quatre temps* s'indiquant par la lettre. C

Dans la mesure à deux temps, chaque temps est représenté par une unité (une noire ♩); de même dans les mesures à trois et à quatre temps. Ces unités sont écrites entre deux traits perpendiculaires appelés *Barres de mesure*.

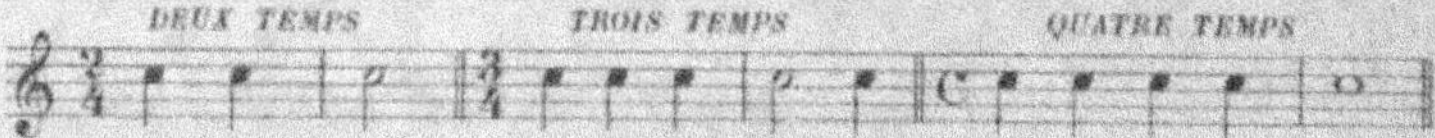

On appelle *mesure* l'espace formé par deux barres, entre lesquelles on écrit la valeur des notes et des silences.

MANIÈRE DE BATTRE LA MESURE

Les trois sortes mesures sont représentées par les trois figures ci-dessous :

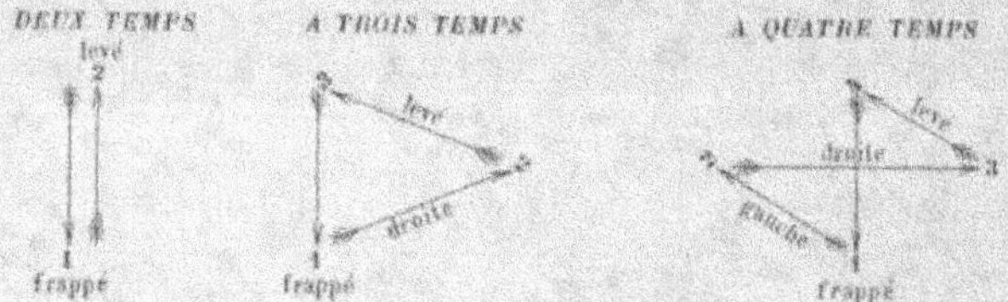

Le *frappé*, premier temps, marque toujours le temps fort; le *levé*, dernier temps, marque toujours le temps faible dans les trois espèces de mesures.

EXERCICES MESURÉS, TRÈS FACILES
pour s'habituer à battre la mesure en solfiant

Nous ne donnons aucune indication de mouvement aux exercices ci-après; on les fera chanter d'abord lentement, puis on en accélérera progressivement la vitesse.

Faites battre quelques mesures avant de solfier.

Nº 1.
(p. 20.)[*]

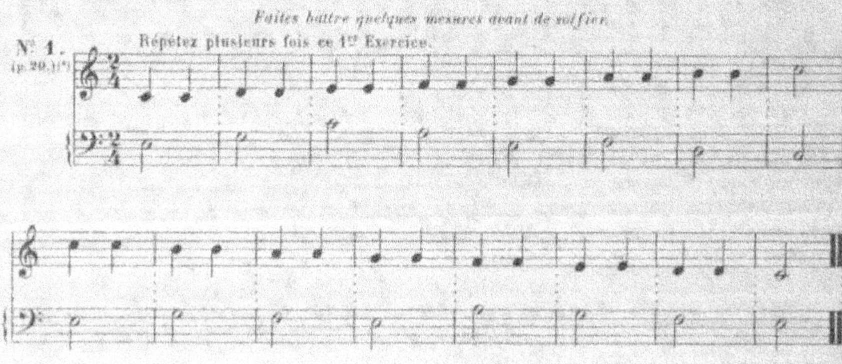

---

[*] Le petit chiffre placé au-dessous de chaque Nº, indique la page de l'Édition du Solfège sans accompagnement.

Quand on aura fait solfier les 5 exercices ci-dessus, on pourra faire chanter les 3 premiers nu-
méros des *Chants élémentaires* (page 54).

Après ces exercices, on fera chanter le N.º 5: *Bonheur d'aimer Dieu.* (page 56)

EXERCICES PRATIQUES A TROIS TEMPS

(*) Le point placé après une note augmente de moitié la durée de cette note.

A la suite de ces exercices, on fera chanter le N.º 6 *L'Ange gardien* (p. 37.)

EXERCICES PRATIQUES A QUATRE TEMPS

Faites battre quelques mesures à quatre temps.

Après ces exercices on fera chanter les Nos 7, 8, 9, 10, 11. (p. 58 et suivantes)

LES SIGNES ALTÉRATIFS

LE DIÈSE (♯) LE BÉMOL (♭) LE BÉCARRE (♮)

Le *Dièse* est un signe qui a la propriété de hausser d'un demi-ton l'intonation de la note qu'il précède.
Le *Bémol* baisse d'un demi-ton l'intonation de la note qu'il précède.
Le *Bécarre* détruit l'effet du dièse et du bémol.

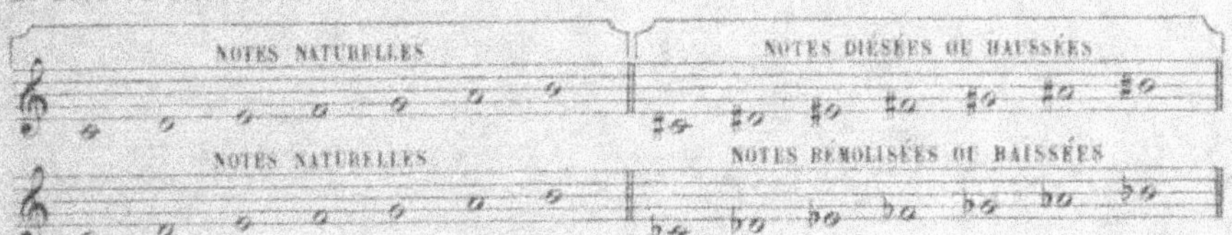

EXERCICES D'INTONATION

SUR LE DIÈSE (♯)

On solfie d'abord *DO, SI, DO*, et on répète ensuite les groupes sur le même air.

N° 29. (p.25)

N° 30. (p.25)

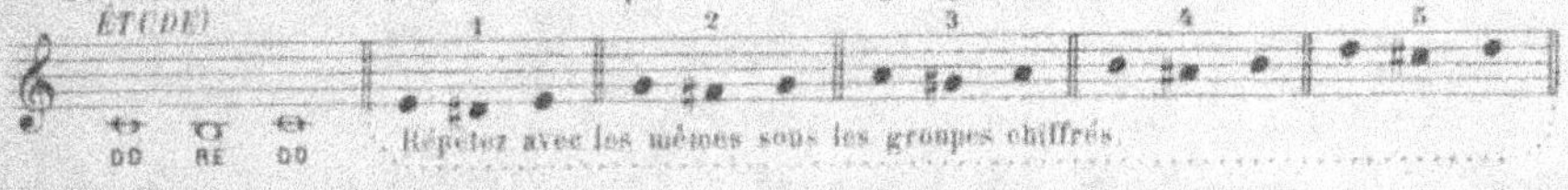

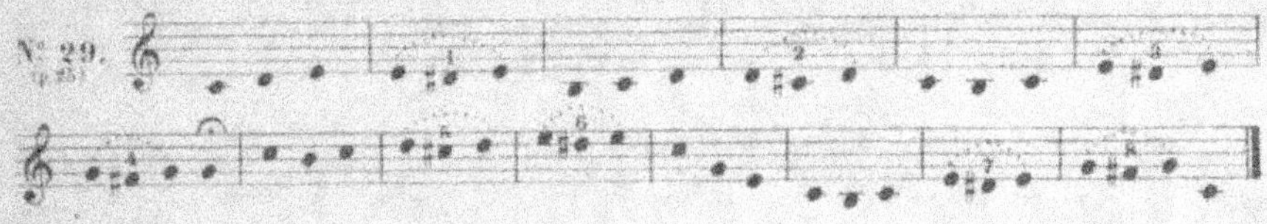

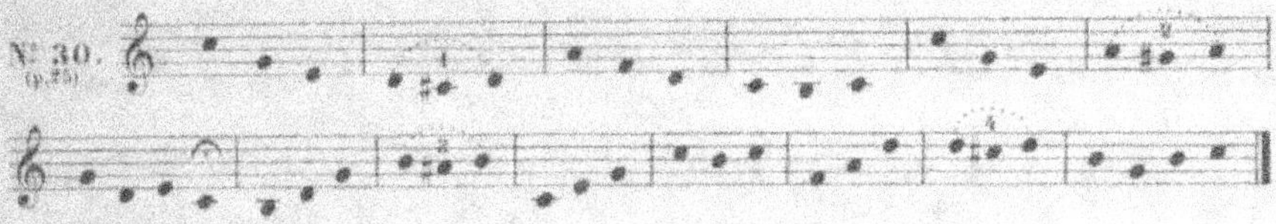

Le demi-ton diatonique est représenté par deux notes de différents degrés.

N° 31. (p.25)

N° 32. (p.25)

A.L.6888.

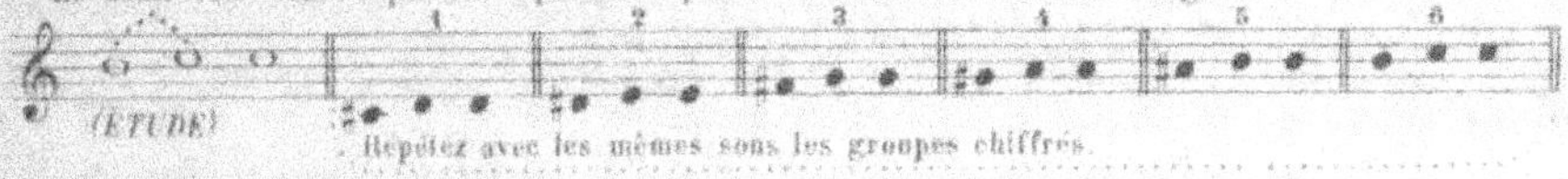

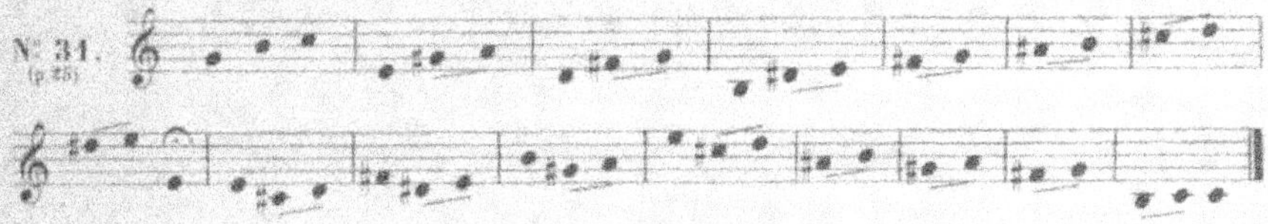

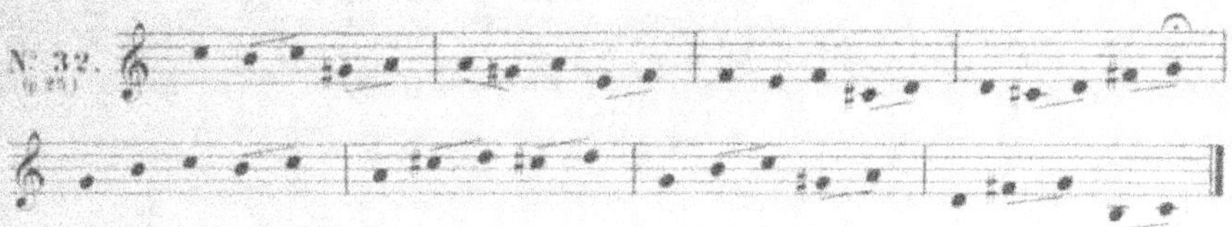

Le demi-ton chromatique est représenté par deux notes de même degré.

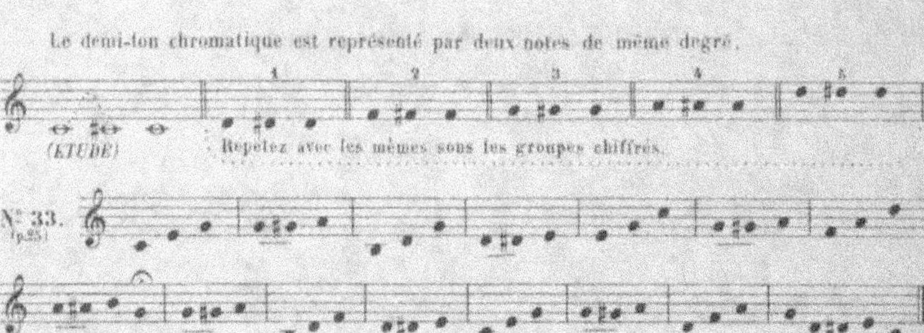

EXERCICES D'INTONATION
SUR LE BÉMOL (♭)

On solfie d'abord MI, FA, MI, et on répète ensuite les groupes chiffrés sur le même air.

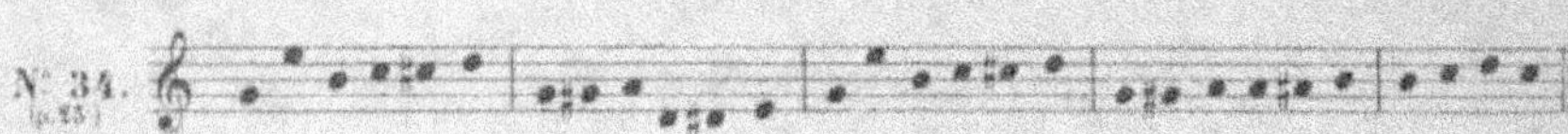

Les N.º 12, 13, 14 et 15 doivent être chantés d'abord lentement. Les élèves en feront l'analyse c'est-à-dire nommeront le demi-ton diatonique et le demi-ton chromatique. (Voir p. 61, 62 et 63)

SIX ÉTUDES MÉLODIQUES
sur les Accidents(*)

(*) On nomme accidents les trois signes ♯, ♭, ♮ par lesquels on modifie accidentellement le son des notes.

B
Nº 40.
(p. 27)
A

24
N° 41.
(p.28)
A
B
A. L. 6888

No. 42.
A
B

Nᵒ 43.
(p. 29)

A la suite de ces Exercices, on fera chanter les N.° 16 à 20. (p. 64 et suivantes)

DE LA LIAISON[*]

La *Liaison* est un signe ⌒ ou ⌣ qui sert à unir deux notes de même son, de manière à n'en former qu'une seule émission de voix.

On emploie aussi la liaison pour lier deux ou plusieurs notes pendant l'exécution desquelles la respiration ne peut avoir lieu. Voyez les N° 49, 50 etc.etc.

(*) Voir les temps forts et les temps faibles *Chapitre 5e* (Questionnaire).

Dans ce petit traité nous n'avons pas jugé très-utile de traiter pratiquement la Syncope. Les exercices ci-dessus serviront à faire comprendre aux jeunes élèves, l'effet musical d'un caractère étrange produit par le son prolongé qui se trouve rompu par le mouvement qui marque la mesure.

Les Exercices ci-après doivent être vocalisés. Toutes les liaisons seront strictement obser-
vées, comme elles sont écrites(*)

(*) Vocaliser signifie: chanter sur une seule voyelle A.

N.º 50.
(p. 31)
N.º 51.
(p. 31)
N.º 52.
(p. 31)

DE LA DIVISION DES TEMPS

EXERCICES PRATIQUES SUR LA CROCHE

N.º 56.
(p. 32)

Nº 58.
(p. 32)

Le demi-soupir, placé au commencement de la mesure, demande l'exécution du premier temps.

Nº 59.
(p. 33)

N.° 60.
(p. 33)

N.° 61.
(p. 33)

Nº 62.
(p. 33)
Détachez bien la note qui précède le demi-soupir.
Nº 63.
(p. 35)
A.L.6888.

Du MOUVEMENT en MUSIQUE et de ses INDICATIONS

On entend par *mouvement* le degré de lenteur ou de vitesse avec lequel il faut battre la mesure.
Il y a cinq principaux mouvements, qui s'indiquent, en tête des morceaux par ces mots:

LARGO   ADAGIO   ANDANTE   ALLEGRO   PRESTO
(LARGE, LENT)   (POSÉMENT)   (MODÉRÉ)   (VIF, GAI)   (VITE)

Ces cinq principaux mouvements se subdivisent en mouvements intermédiaires, savoir:

Larghetto *(moins lent que Largo)*	**Allegro con brio** *(vif avec éclat)*
Andantino *(moins lent que l'Andante)*	**Allegro fiero** *(fier)*
Allegro moderato *(vitesse modérée)*	**Allegro con anima** *(avec âme)*
Allegro commodo *(commodément)*	**Allegro agitato** *(agité)*
Allegro maestoso *(majestueux)*	**Allegro vivace** *(vivement)*
Allegro Tempo di Marcia *(Mouvement de Marche)*	**Prestissimo** *(plus vite que Presto)*

Voici quelques Termes de Nuances qui sont écrits par abréviations dans le courant d'un morceau:

Pianissimo	(**pp**)	Très-faible.	Sforzando	(*sf*)	En forçant.
Piano	(**p**)	Faible, doux.	Rinforzando	(*Rinf.*)	En renforçant.
Mezzo-forte	(*mf*)	Demi-fort.	Crescendo	(*Cresc.*)	En croissant.
Forte	(*f*)	Fort.	Decrescendo	(*Decresc.*)	En décroissant.
Fortissimo	(*ff*)	Très-fort.	Diminuendo	(*Dim.*)	En diminuant.
Dolce	(*Dol.*)	Doux.	Espressivo	(*Espress.*)	Avec expression.

HUIT MÉLODIES

Ces *huit Mélodies* sur la croche, seront d'abord solfiées; puis on les vocalisera,
en observant les liaisons prescrites.

N°. 65.
(v. 36)
Andante.
A
B
A.L. 6888.

Après ces Exercices, on choisira les Chants convenant le mieux, depuis le N°21 à 34. (Page 67)

N° 66. Moderato.
(p. 37)

N.º 67.
(p. 37)
Moderato.
A
B
C

N.º 68.
(p. 38)
Allegro moderato.

N.º 69.
(p. 38)

N.° 70.
(p. 39.)

A.L. G888.

N.º 71.
(p.39)
mf
Dolce.
f
p
mf
p
p
FIN DE LA PREMIÈRE PARTIE

DEUXIÈME PARTIE

CHAPITRE I

(p.46)

D. *Qu'est-ce que la musique?*

R. La musique est l'art de combiner les sons.

D. *Quel est l'objet de la musique?*

R. L'objet de la musique c'est d'émouvoir l'âme et d'en exprimer les diverses affections.

D. *Combien distingue-t-on de sons en musique?*

R. On en distingue sept que l'on nomme Do ou UT, RÉ, MI, FA, SOL, LA, SI.

D. *Comment représente-t-on les sons en musique?*

R. On représente les sons en musique par des caractères (♩♪♫) qu'on nomme notes, et qu'on place sur une échelle composée de cinq lignes parallèles, séparées par quatre intervalles en blanc ou interlignes. L'ensemble de ces lignes et interlignes prend le nom de *Portée.*

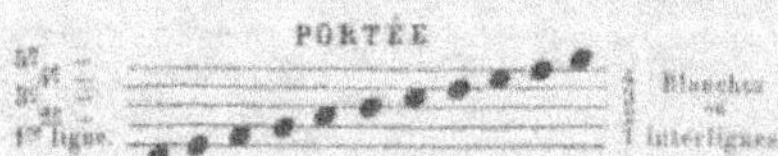

D. *La portée peut-elle être augmentée?*

R. La portée selon le besoin peut être augmentée de petites lignes que l'on appelle LIGNES SUPPLÉMENTAIRES. Par ce moyen on peut écrire autant de sons qu'on le désire.

D. *Comment connait-on le nom des notes sur la portée?*

R. On connait le nom des notes sur la portée à l'aide d'un signe nommé clé, placé en tête de la portée.

D. *Qu'est-ce qu'une clé?*

R. C'est un signe que l'on place sur une des cinq lignes de la portée et qui donne son nom à la note placée sur cette ligne.

D. *Combien y a-t-il de clés en musique?*

R. Il y a en musique trois sortes de clés, savoir: la clé de SOL 𝄞, la clé de FA 𝄢 et la clé d'UT 𝄡.

D. *Sur quelles lignes de la portée se placent les trois sortes de clés.*

R. La clé de SOL 𝄞 se place généralement sur la 2me ligne; la clé de FA 𝄢 sur la 4me et la clé d'UT sur la 1re, la 3me ou la 4me ligne.

D. *Quelle est la destination particulière de chacune de ces trois clés?*

R. La clé de sol correspond aux sons aigus; la clé de fa, aux sons graves et la clé d'ut, aux sons du médium (milieu).

D. *Quelle est la manière d'étudier les notes sur une clé quelconque?*

R. C'est de s'appliquer à connaitre celles qui occupent les cinq lignes de la portée, ensuite on passera à celles qui sont dans les interlignes.

D. *Quelles sont les clés les plus usitées?*

R. Les clés les plus usitées sont celles de SOL et de FA.

POSITION DES NOTES
avec la Clé de Sol.

Sol La Si Do Ré Mi Fa Sol La Si Do Ré Mi
Fa Mi Ré Do Si La Sol

POSITION DES NOTES
avec la Clé de Fa.

Do Sol La Si Do Ré Mi Fa
Mi Ré Do Si La Sol Fa Mi Ré Do

CHAPITRE II

DE LA DURÉE DES SONS — SIGNES DE DURÉE

D. *Qu'est-ce qu'on entend par durée d'un son?*
R. On entend par durée d'un son un certain espace de temps, pendant lequel un son doit être produit.

D. *Comment indique-t-on la durée des sons?*
R. On indique la durée des sons par la figure des notes.

D. *Quels sont les noms des diverses figures de notes?*
R. Ce sont: la Ronde (o), la Blanche (♩), la Noire (♩), la Croche (♪), la Double-croche (♬), la Triple-croche (♪), et la Quadruple-croche (♪).

D. *Quelle est l'unité principale de durée?*
R. L'unité principale de durée est celle qui correspond à la ronde (o).

D. *Quelle est l'unité de temps?*
R. L'unité de temps est la durée correspondante à la noire (♩).

D. *Quelles sont les durées supérieures à l'unité de temps?*
R. Ce sont: celles de la ronde (o) et de la blanche (♩).

D. *Quelles sont les durées inférieures à l'unité de temps?*
R. Ce sont: celles de la croche (♪), de la double-croche (♬), de la triple-croche (♪), et de la quadruple-croche (♪).

D. *Combien de significations peuvent avoir les notes?*
R. Les notes peuvent avoir deux significations, savoir: 1° celle de durée indiquée par leurs figures, et 2° celle de nom indiquée par leur position.

Tableau indiquant la durée des différentes figures de Notes rapportée à l'unité principale.

NOMS	FIGURES	DURÉE COMPARATIVE	
RONDE	o	L'UNITÉ	1
BLANCHE		LA MOITIÉ	$\frac{1}{2}$
NOIRE		LE QUART	$\frac{1}{4}$
CROCHE		LE HUITIÈME	$\frac{1}{8}$
DOUBLE-CROCHE		LE SEIZIÈME	$\frac{1}{16}$
TRIPLE-CROCHE		LE TRENTE-DEUXIÈME	$\frac{1}{32}$
QUADRUPLE-CROCHE		LE SOIXANTE-QUATRIÈME	$\frac{1}{64}$

QUESTIONS PRATIQUES

D. *Quelle est la valeur de la ronde?*
R. La ronde (o) vaut:
deux blanches ou 2 demi-notes (♩♩)
ou 4 noires (quarts)
ou 8 croches (huitièmes)
ou 16 doubles-croches (seizièmes)
ou 32 triples-croches (trente-deuxièmes)
ou 64 quadruples-croches (soixante-quatrièmes)

D. *Quelle est la valeur de la blanche?*
R. La blanche (♩) vaut:
deux noires ou *deux quarts* (♩♩)
ou 4 croches (huitièmes)
ou 8 doubles-croches (seizièmes)
ou 16 triples-croches (trente-deuxièmes)
ou 32 quadruples-croches (soixante-quatrièmes)

D. *Quelle est la valeur de la noire?*
R. La noire (♩) vaut:
deux croches ou *deux huitièmes* (♪♪)
ou 4 doubles-croches (seizièmes)
ou 8 triples-croches (trente-deuxièmes)
ou 16 quadruples-croches (soixante-quatrièmes)

D. *Quelle est la valeur de la croche?*
R. La croche (♪) vaut:
deux doubles-croches ou *deux seizièmes* (♬)
ou 4 triples-croches (trente-deuxièmes)
ou 8 quadruples-croches (soixante-quatrièmes)

D. *Quelle est la valeur de la double-croche?*
R. La double croche (♬) vaut:
deux triples-croches ou *deux trente-deuxièmes* (♬)
ou 4 quadruples-croches (soixante-quatrièmes)

D. *Quelle est la valeur de la triple-croche?*
R. La triple croche (♪) vaut:
deux quadruples-croches ou *deux soixante-quatrièmes* (♪)

CHAPITRE III

D. *Qu'appelle-t-on silences?*

R. On appelle silences les signes qui servent à remplacer les notes, et qui indiquent l'interruption du son, pendant un temps déterminé.

D. *Combien y a-t-il de silences?*

R. Il y a autant de silences qu'il y a de figures de notes; ils sont désignés par des signes différents.

D. *Quels sont les noms des signes de silences?*

R. Ces noms sont: la PAUSE (━), la DEMI-PAUSE (━), le SOUPIR (↑ ou ↓), le DEMI-SOUPIR (↑), le QUART DE SOUPIR (↑), le HUITIÈME DE SOUPIR (↑) et le SEIZIÈME DE SOUPIR (↑).

D. *A quelles notes correspondent ces différents signes?*

R. | LA PAUSE | ━ (sous la ligne) | 𝅝 | 1 |
LA DEMI-PAUSE	━ (sur la ligne)	𝅗𝅥	½
LE SOUPIR	↑	𝅘𝅥	¼
LE DEMI-SOUPIR	↑	𝅘𝅥𝅮	⅛
LE QUART DE SOUPIR	↑	𝅘𝅥𝅯	1/16
LE HUITIÈME DE SOUPIR	↑	𝅘𝅥𝅰	1/32
LE SEIZIÈME DE SOUPIR	↑	𝅘𝅥𝅱	1/64

CHAPITRE IV

D. *Qu'est-ce que le point d'augmentation?*

R. Le point d'augmentation est un signe (·) qui se place à la suite d'une note et qui en augmente de moitié la valeur.

D. *Quelle est la valeur de la ronde pointée?*

R. Une ronde pointée vaut une ronde et demie 𝅝· = 𝅝 𝅗𝅥

D. *Quelle est la valeur de la blanche pointée?*

R. Une blanche pointée vaut une blanche et demie 𝅗𝅥· = 𝅗𝅥 𝅘𝅥

D. *Que vaut une noire pointée?*

R. Une noire pointée vaut une noire et demie 𝅘𝅥· = 𝅘𝅥 𝅘𝅥𝅮

D. *Le point d'augmentation se place-t-il aussi après les silences?*

R. Le point d'augmentation se place aussi après les silences; on l'emploie aussi après la pause et la demi-pause. Son effet est le même qu'après les notes (↑· = ↑↑↑ ou ↑↑) (↑· = ↑↑)

D. *Peut-on mettre plus d'un point après les notes?*

R. On peut mettre deux, même trois points après les notes, le deuxième point vaut la moitié du premier et s'il y en a trois, le dernier vaut la moitié du deuxième.

Deux points　　Trois points
après une note.　après une note.

D. *Qu'est-ce que la liaison?*

R. On entend par liaison un signe ‿ ou ⌢ que l'on place au-dessus ou au-dessous de deux notes dont la seconde n'est qu'une prolongation de la première.

EXEMPLE

D. *Quand est-ce qu'on emploie la liaison?*

R. On emploie la liaison lorsque le point n'a pas la durée voulue pour représenter la prolongation à exprimer.

EXEMPLE

(*) Voir à la page 88 le véritable emploi de la *Liaison.*

CHAPITRE V

DE LA MESURE.—MESURES LES PLUS USITÉES DANS LA MUSIQUE MODERNE.

TEMPS FORTS ET TEMPS FAIBLES

(p. 46)

D. *Qu'est-ce que la mesure?* (*)

R. La Mesure est la division d'un morceau de musique en un certain nombre de groupes égaux de deux, trois ou quatre unités de temps.

D. *Comment forme-t-on les mesures?*

R. On forme les mesures au moyen de lignes verticales placées en travers de la portée.

D. *Comment appelle-t-on ces lignes qui séparent la portée?*

R. Ces lignes sont appelées BARRES DE MESURES.

EXEMPLE

D. *Comment appelle-t-on les espaces que séparent deux barres?*

R. Ces espaces destinés à recevoir les notes, s'appellent MESURES.

EXEMPLE

D. *Comment distingue-t-on les diverses espèces de mesures?*

R. On les distingue d'après le nombre d'unités de temps ou le nombre de temps qu'elles renferment.

D. *Combien y a-t-il de mesures?*

R. Il y a trois espèces de mesures, savoir: la mesure à QUATRE TEMPS la mesure à TROIS TEMPS et la mesure à DEUX TEMPS.

D. *Quel sont les signes par lesquels on connaît les trois mesures?*

R. Les signes par lesquels on connaît les trois mesures, sont: $\frac{4}{4}$ ou simplement par un C pour marquer la mesure à quatre temps, $\frac{3}{4}$ pour la mesure à trois temps, et $\frac{2}{4}$ pour la mesure à deux temps.

EXEMPLE

D. *Quelle est la signification des chiffres dont on se sert pour indiquer les trois espèces de mesures?*

R. Le chiffre inférieur indique en combien de parties la durée correspondante à la Ronde est censée partagée, et le chiffre supérieur indique combien l'on prend de ces parties.

D. *Quelles sont les mesures qui sont encore usitées dans la musique moderne?*

R. Ce sont:

La Mesure $\frac{3}{8}$ qui est un $\frac{3}{4}$ réduit de moitié

La Mesure $\frac{6}{8}$ qui dérive de la mesure à $\frac{2}{4}$

La Mesure $\frac{12}{8}$ qui dérive de la mesure à $\frac{4}{4}$

(Nous laissons à l'intelligence du professeur le soin d'expliquer à ses élèves certaines mesures anciennes qui ne sont que très-rarement en usage dans la musique moderne.)

D. *Combien y a-t-il de sortes de temps?*

R. Il y a deux sortes de temps les Temps forts et les temps faibles.

D. *Qu'appelle-t-on Temps forts?*

R. On appelle TEMPS FORT le premier temps de chaque mesure.

D. *Quels sont les temps forts et les temps faibles dans les trois espèces de mesures?*

R. Dans la mesure à DEUX TEMPS, le premier est FORT et le second FAIBLE; dans la mesure à TROIS TEMPS, le premier est FORT et les deux autres FAIBLES, et dans la mesure à QUATRE TEMPS, que l'on peut considérer comme une mesure double à deux temps, le premier est FORT; le second FAIBLE; le troisième FORT, et le quatrième FAIBLE.

(*) En d'autres termes la partie de la musique qui règle les sons.

CHAPITRE VI

TON—DEMI-TON—DEGRÉS DE LA GAMME
GAMME DIATONIQUE—NOTES DIATONIQUES

(p.48)

D. *Qu'est-ce que l'on entend par TON?*
R. On entend par TON, la distance la plus grande qui sépare deux notes consécutives.

EXEMPLE

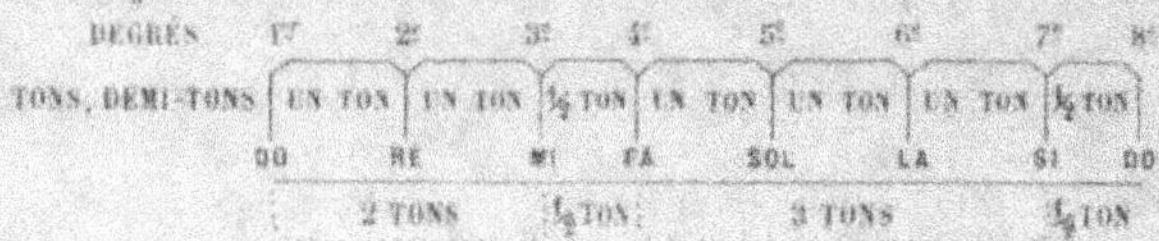

D. *Qu'est-ce qu'on entend par DEMI-TON?*
R. On entend par DEMI-TON, la distance moitié moins grande que celle du ton.

EXEMPLE

D. *Qu'appelle-t-on degrés de la gamme?*
R. On appelle degrés de la gamme, la place qu'occupe chacune des notes dans la série des sept sous auxquels on ajoute l'OCTAVE (Huitième).

D. *Que signifie le mot DIATONIQUE?*
R. Ce mot tiré du grec *dia* (par), *tonos* (ton), signifie *par tons*.

D. *Qu'est-ce que la GAMME DIATONIQUE?*
R. La gamme diatonique est la succession de cinq tons et de deux demi-tons, ou une série de huit notes se succédant dans l'ordre naturel suivant: DO, RÉ, MI, FA, SOL, LA, SI, DO.

EXEMPLE

CHAPITRE VII

SIGNES D'ALTÉRATION—LE DIÈSE (♯)—LE BÉMOL (♭)—LE BÉCARRE (♮)
EMPLOI DE CES SIGNES D'ALTÉRATION

(p.49)

D. *Qu'est-ce que l'on entend par ALTÉRATION?*
R. On entend par ALTÉRATION la modification que l'on peut faire subir à un son naturel de la gamme.

D. *Comment s'opère cette modification?*
R. Cette modification s'opère au moyen de signes qui haussent ou qui baissent un son naturel quelconque de la gamme.

D. *Quels sont ces signes? indiquez leur effet.*
R. Ces signes sont:

1° Le DIÈSE (♯) qui a la propriété de hausser la note d'un demi-ton.

2° Le BÉMOL (♭) qui a la propriété de baisser la note d'un demi-ton.

3° Le BÉCARRE (♮) qui a la propriété de remettre à son état naturel la note qui a été haussée ou baissée précédemment.

4° Le DOUBLE-DIÈSE (𝄪) qui a la propriété d'élever de deux demi-tons la note qu'il précède.

5° Le DOUBLE-BÉMOL (𝄫) qui a la propriété de baisser de deux demi-tons la note qu'il précède.

EXEMPLE

D. *Que remarque-t-on dans la nomenclature des sons ainsi employés?*

R. On y remarque quatorze NOMS différents, c'est-à-dire SEPT NOTES HAUSSÉES et SEPT NOTES NATURELLES, représentant douze SONS différents dans la gamme ascendante; SEPT NOTES BÉMO- LISÉES et SEPT NOTES NATURELLES dans la gamme descendante.

D. *De combien de manières peut-on faire figurer une note quelconque?*

R. De cinq manières savoir: DANS SON ÉTAT NATUREL, DIÉSÉE, DOUBLEMENT DIÉSÉE, BÉMOLISÉE, DOU- BLEMENT BÉMOLISÉE.

EXEMPLE

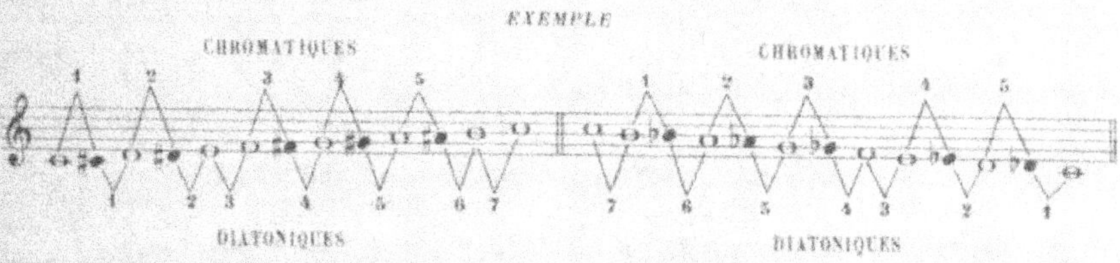

D. *Les quatorze notes de chacune de ces gammes représentent-elles quatorze sons différents?*

R. Elles n'en représentent en réalité que douze, parce que le Mi ♯ n'est autre chose que le Fa naturel; et que le Si ♯ n'est autre chose que le Do naturel; et que, de même, le Do ♭ équi- vaut à Si naturel et le Fa ♭ équivaut à Mi naturel. (*)

D. *Comment nomme-t-on les sons qui ne diffèrent que par le nom, mais qui en réalité sont les mêmes?*

R. On les nomme SONS ENHARMONIQUES.

EXEMPLE

Mêmes touches. (*) Mêmes touches.

[SI et DO ♭ | MI et FA ♭]   [MI ♯ et FA | SI ♯ et DO]

D. *Qu'est-ce que la gamme chromatique?*

R. La gamme chromatique, formée de treize sons, est une succession de DOUZE DEMI-TONS.

EXEMPLE

CHROMATIQUE ASCENDANTE	CHROMATIQUE DESCENDANTE

D. *Que remarque-t-on dans les gammes chromatiques par ♯ et par ♭?*

R. On remarque: 1° que les SEPT NOTES NATURELLES sont communes aux deux gammes, et que les notes altérées par les ♯ et les ♭ ont changé de nom et de position; 2° que chacun des CINQ TONS au moyen du ♯ et du ♭, se trouve partagé en deux demi-tons, dont l'un prend le nom de demi- ton DIATONIQUE (DO ♯, RÉ) et l'autre, celui de demi-ton CHROMATIQUE (DO, DO ♯).

EXEMPLE

CHROMATIQUES   CHROMATIQUES

DIATONIQUES   DIATONIQUES

<hr>

(*) Nous faisons ici allusion à la touche du Piano et de l'Harmonium.

CHAPITRE VIII

INTERVALLES — MODES

(p. 51)

GAMME MAJEURE-GAMME MINEURE

D. *Qu'est-ce qu'un intervalle?*

R. Un intervalle est la distance qui sépare un ton d'un autre ton.

D. *Quels sont les noms des intervalles?*

R. Les noms des intervalles sont: SECONDE, TIERCE, QUARTE, QUINTE, SIXTE, SEPTIÈME, OCTAVE.

D. *Comment divise-t-on les intervalles?*

R. On divise les intervalles en deux séries, savoir: en intervalles SIMPLES et en intervalles REDOUBLÉS.

D. *Qu'est-ce qu'on entend par intervalles simples?*

R. On entend par intervalles simples, les intervalles qui sont renfermés dans les limites de l'octave.

D. *Qu'est-ce qu'on entend par intervalles redoublés?*

R. On entend par intervalles redoublés les intervalles qui dépassent les limites de l'octave.

EXEMPLE

D. *Qu'est-ce qu'on entend par MODE?*

R. On entend par MODE, la disposition des sons dans la gamme.

D. *Combien y a-t-il de modes?*

R. Il y a deux sortes de modes, savoir: le mode MAJEUR et le mode MINEUR.

D. *Quelle est la disposition des sons dans la gamme du mode majeur?*

R. La disposition des sons dans la gamme du mode majeur est une succession fixe et invariable de deux secondes MAJEURES, une seconde MINEURE, trois secondes MAJEURES et une seconde MINEURE.

D. *Entre quels degrés les demi-tons sont-ils placés dans la gamme majeure?*

R. Les demi-tons sont toujours placés du 3me au 4me degré et du 7me au 8me.

D. *Combien peut-on former de gammes majeures?*

R. On peut en former autant qu'il y a de sons dans la gamme chromatique, c'est-à-dire sur les sept degrés naturels, UT, RÉ, MI, FA, SOL, LA, SI, sur les cinq degrés diésés UT♯, RÉ♯, FA♯, SOL♯, LA♯, ou leurs enharmoniques RÉ♭, MI♭, SOL♭, LA♭, SI♭.

D. *Quelle est la GAMME-MODÈLE du mode majeur?*

R. La GAMME-MODÈLE du mode majeur est la gamme d'UT; toutes les autres gammes se mesurent, se règlent sur elle.

D. *En combien de séries peut-on diviser les gammes?*

R. On peut diviser les gammes en deux séries, savoir: les GAMMES PAR DIÈSES et les GAMMES PAR BÉMOLS.

TABLEAU GÉNÉRAL DES GAMMES PAR DIÈSES

(GAMME MODÈLE)

DO	RÉ	MI ½	FA	SOL	LA	SI ½	DO							(Sans Dièses)
Sol	La	Si	Do	Ré	Mi	Fa♯	Sol	Fa♯						
Ré	Mi	Fa♯	Sol	La	Si	Do♯	Ré	Fa♯	Do♯					
La	Si	Do♯	Ré	Mi	Fa♯	Sol♯	La	Fa♯	Do♯	Sol♯				
Mi	Fa♯	Sol♯	La	Si	Do♯	Ré♯	Mi	Fa♯	Do♯	Sol♯	Ré♯			
Si	Do♯	Ré♯	Mi	Fa♯	Sol♯	La♯	Si	Fa♯	Do♯	Sol♯	Ré♯	La♯		
Fa♯	Sol♯	La♯	Si	Do♯	Ré♯	Mi♯	Fa♯	Fa♯	Do♯	Sol♯	Ré♯	La♯	Mi♯	
Do♯	Ré♯	Mi♯	Fa♯	Sol♯	La♯	Si♯	Do♯	Fa♯	Do♯	Sol♯	Ré♯	La♯	Mi♯	Si♯

TABLEAU GÉNÉRAL DES GAMMES PAR BÉMOLS

(GAMME MODÈLE)

DO	*RÉ*	*MI ½ FA*		*SOL*	*LA*	*SI ½ DO*	. . . . (Sans Bémols)						
Fa	Sol	La	Si♭	Do	Ré	Mi	Fa	Si♭					
Si♭	Do	Ré	Mi♭	Fa	Sol	La	Si♭	Si♭	Mi♭				
Mi♭	Fa	Sol	La♭	Si♭	Do	Ré	Mi♭	Si♭	Mi♭	La♭			
La♭	Si♭	Do	Ré♭	Mi♭	Fa	Sol	La♭	Si♭	Mi♭	La♭	Ré♭		
Ré♭	Mi♭	Fa	Sol♭	La♭	Si♭	Do	Ré♭	Si♭	Mi♭	La♭	Ré♭	Sol♭	
Sol♭	La♭	Si♭	Do♭	Ré♭	Mi♭	Fa	Sol♭	Si♭	Mi♭	La♭	Ré♭	Sol♭	Do♭
Do♭	Ré♭	Mi♭	Fa♭	Sol♭	La♭	Si♭	Do♭	Si♭	Mi♭	La♭	Ré♭	Sol♭	Do♭ Fa♭

D. *Quelle est la disposition des sons dans la gamme du mode mineur?*

R. La disposition des sons dans la gamme du mode mineur s'établit de deux manières, savoir:
deux demi-tons et plus souvent, trois demi-tons.

EXEMPLE
DEUX DEMI-TONS

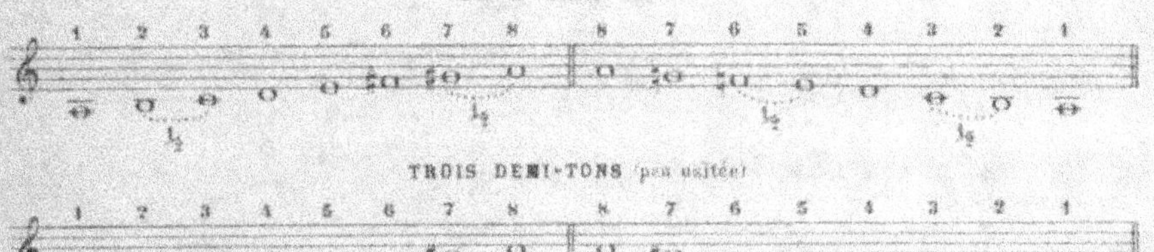

TROIS DEMI-TONS (peu usitée)

D. *Quelle est la GAMME-MODÈLE du mode mineur?*

R. La GAMME-MODÈLE du mode mineur est la gamme de LA mineur; toutes les gammes mineures se mesurent sur elle.

D. *Qu'est-ce que les tons relatifs?*

R. On appelle tons relatifs deux tons de modes différents ayant une commune armure à la clé.

ARMURE DES PRINCIPAUX TONS

PAR DIÈSES ET PAR BÉMOLS

La Tonique de la gamme mineure est toujours une tierce au-dessous de la tonique de la
gamme majeure relative.

FIN DU QUESTIONNAIRE

TROISIÈME PARTIE

MORCEAUX DE CHANT

LA GAMME

N.° 1.
(p. 54)

N.° 2.
(p. 54)

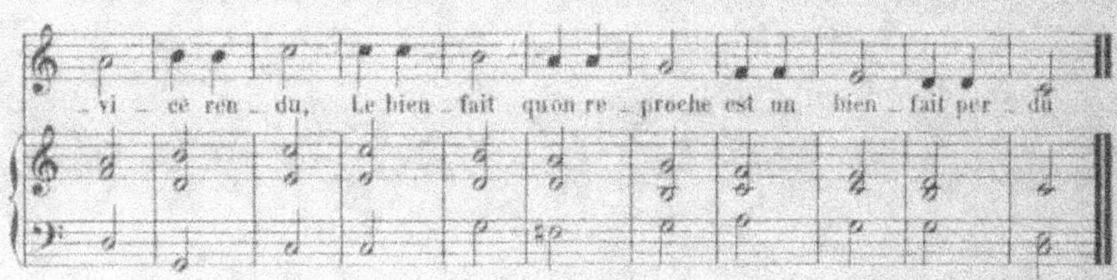

VARIANTE

N.° 3.
(p. 54)

LA CROIX D'HONNEUR

BONHEUR D'AIMER DIEU[(*)]

MÉLODIE

Paroles de RACINE

N.º 5.
(p.55)

(*) Exécution franche, vive et accentuée, faites prononcer distinctement les paroles.

L'ANGE GARDIEN(*)

MÉLODIE

Paroles de Mme TASTU

BLANCHE, NOIRE, SOUPIR, POINT.

N° 6.
(p.55)

Paroles de RACINE
RONDE, BLANCHE POINTÉE, DEMI-PAUSE, SOUPIR.
N° 7.
(p.56)
L'E_ter_nel est son nom, le monde est son ou_vra_ge.
N° 8.
(p.56)
Heureux, heureux, heureux mille fois, L'enfant que le Seigneur rend do_cile à sa voix,
N° 9.
(p.56)
Que ma bouche et mon cœur et tout ce que je suis Ren_
_dent hom_mage au Dieu qui m'a donné la vi_e; Dans les crain_tes,
dans les en_nuis, En ses bon_tés mon â_me se con_fi_e.

MA CLOCHETTE

Paroles de ***

Musique de MOZART

ACCIDENTS

LE DEMI-TON DIATONIQUE ET LE DEMI-TON CHROMATIQUE

LES QUATRE PARTIES DU JOUR

Paroles de M⁰ᵉ TASTU.

LE MATIN

Musique de ***

N.º 11.
(p. 57)

Moderato.

MIDI

N.º 12.
(p. 57)
Allegro moderato.
MI DI le fait mon _ ter sur son trô _ ne de
flam _ me L'œil n'en peut plus a _ lors sou _ te _ nir
la splen_deur Et je dis, ac_ca_blé de sa puis_sante ar _ deur
C'est Dieu! c'est Dieu! qui pé_nè _ tre mon à _ me Du
sen_timent de sa gran_deur. Du sen_ti_ment de sa gran_deur.

LE SOIR

N.º 13.
(p 58)
Allegro.
LE SOIR vers l'hori..zon sa course descen..du...e, De ces sommets loin..
..tains sem..ble chercher l'appui; Son front découron..né d'un feu plus doux a lui C'est
Dieu, c'est Dieu qui per..met que ma vu..e O..se s'é..le..ver, s'é..le..ver jusqu'à lui.
LA NUIT
N.º 14.
(p 58)
Andante.
LA NUIT d'un crêpe noir en..ve..loppe la ter..re, Son souffle éteint du
jour le radieux flambeau: Quand le monde mu..et semble un vaste tombeau, C'est

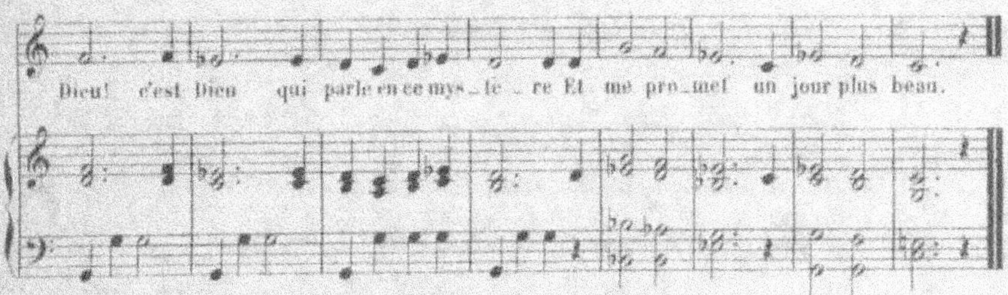

LE CHANT DES OISEAUX

Paroles de P. de LATOUR

SUR LA CLOCHE.

N° 15.
(p. 58)

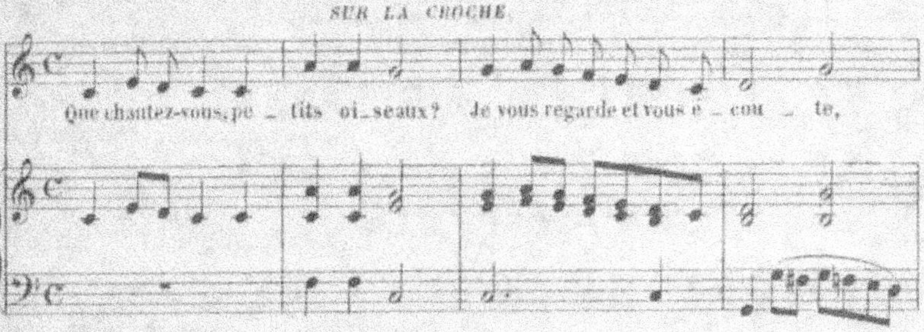

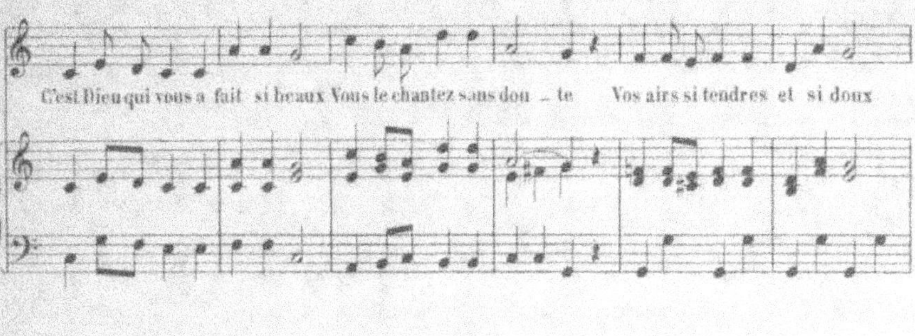

LE PARADIS

Paroles de ***

N.º 16.
(p. 59)

O DOUCE PAIX

Paroles de RACINE

N.º 17.
(p. 59)

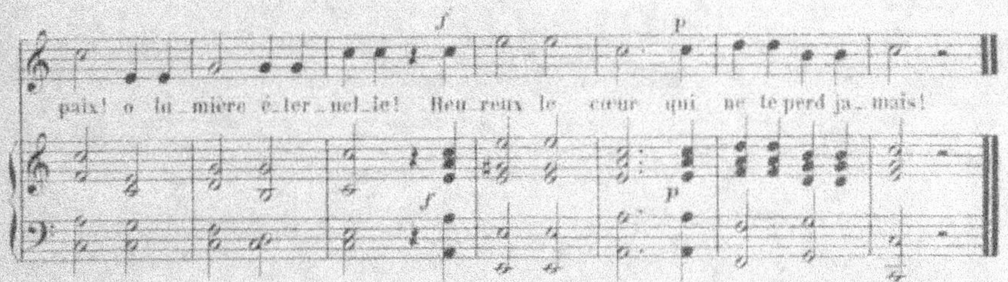

CONFIANCE EN DIEU

Paroles de **RACINE**

NOIRE POINTÉE

N° 18.
(p. 60)

GRANDEUR DE DIEU

Paroles de RACINE

N.º 19.
(♩. 60)

SECRET POUR ÊTRE HEUREUX

Paroles de M.ʳ l'Abbé LALANNE

N.º 20.
(♩. 60)

LE PARFUM DE LA JEUNESSE

LES JEUNES ÉCOLIERS

SYMBOLES DE L'INNOCENCE

Paroles de M. l'Abbé LALANNE

Musique de ***

N.º 23.
(p. 63)

Moderato.

LA NATURE

Paroles de ***   Musique de NOEGELI

L'HIRONDELLE

TYROLIENNE

Paroles de ***

N.º 25.
(p. 66)

Moderato.

UN BEAU JOUR

Paroles de ***

Musique de ***

MON VILLAGE

Paroles de ***

Musique de MOZART

SUR LA MONTAGNE

Paroles de * * *

Musique de * * *

PRIÈRE

Paroles de ***
Musique de ***
Andantino.
N.º 29.
(p. 62)
Entends nos voix du haut des cieux, Quand nous t'of_frons no_
_tre pri_è_re, Dieu de bon_té,_ re_çois nos vœux Et,
pour nous rendre vertu_eux, Fais descendre en nous ta lu_miè_re, Et, pour nous rendre vertu_
_eux, Fais des_cendre en nous ta lu_miè_re, ta lu_miè_re.
Rall

LE HANNETON

Paroles de***
Musique de***

N.° 30.
(p. 76)
Allegro.
Han_neton, qui sur tes ai _ les Nous a _ mè _ ne le prin_temps,
FIN
C'est toi qui sais des nou _ vel _ les Du muguet et du beau temps.
Dis-nous si les prés De fleurs sont parés Dis-nous si les bois Ont repris leurs voix.
Dis si les oiseaux Ont des chants nouveaux; Si le ros_signol Dit: re, mi, fa, sol!
2.e COUPLET
Allegro.
Viens, appor _ te dans la vil _ le, Tes joyeux bourdon_ne _ ments Pauvre étour _ di, sois tran_
qui _ le Va, ne crains rien des en _ fants; Toujour de gaî_té Sé_mes nos prés, On a tant plaisir
A te voir courir! Vole en tour_noyant, Vole en bourdonnant, Vole en rayonnant Au soleil couchant.

INNOCENCE

Paroles de ***

Musique de GEISSLER

LE PRINTEMPS

Paroles de ***

Musique de MOZART

PARTONS, JOYEUX ÉCOLIERS

Paroles de ***   Musique de ***

N° 33.
(p. 73)

FRANCE MA PATRIE
Paroles de Mr l'Abbé LALANNE
Musique de ***
Nº 34.
(p. 74.)
Tempo di Marcia.
Chantons, a_mis, le beau pa_ys de Fran_ce, Le doux pa_
_ys qui nous donna le jour, Où s'é_cou_la no_tre joyeuse en_
_fan_ce, Entre les bras de parents pleins d'a_mour.
REFRAIN.
Sa_lut, sa_
_lut terre_ché_ri_e. Salut, sa_lut ô France ma pa_tri_e Que le
A.L. 6888.

ciel e_xauce mon cœur. A la France gloire et bonheur. Que le
ciel e_xau_ce mon cœur. A la Fran_ce gloire et bonheur.
2e COUPLET. Tempo di Marcia.
Aimons tou_jours la mé_mo_rable his_toi_re. De nos aï_eux, de leurs vaillants ex_
_ploits Chantons_a_mis, les vertus et la gloi_re de ces hé_ros les vengeurs de nos droits. Sa_lut sa_
Au Refrain
3e COUPLET. Tempo di Marcia.
Aimons le sol que nos ro_bus_tes pè_res, Ont fé_con_dé du tra_vail de leurs
bras, Le sou_ve_nir de leurs vertus aus_tè_res, Dans le de_voir af_fermi_ra nos pas. Sa_lut sa_
Au Refrain
4e COUPLET. Tempo di Marcia.
C'est ton gé_nie, in_dus_tri_eu_se Fran_ce, Qui donne à tous le si_gnal du pro_
_grès Fiers de ses arts, ja_loux de sa sci_en_ce, Applaudissons à ses brillants succès. Sa_lut sa_
Au Refrain

UN JOUR DE FÊTE

Paroles de ***

Musique de GLÜCK

jour! Gai _ ment il nous ras _ sem _ ble, Ah! chantons tour à tour Et
re _ di _ sons en _ sem _ ble; Quel plai _ sir! Quel bonheur, quel plaisir, De ve _
CHŒUR
_ nir à cet _ te bel _ le fê _ te! Quel bonheur, quel plaisir De ve _ nir à
cet _ te bel _ le fê _ te! Et que cha _ cun ré _ pè _ te: Quel bonheur! quel plai _
_ sir! Et que chacun ré _ pè _ te: Quel bonheur, quel plai _ sir!
A.L.6888.

LA PRIÈRE DE L'ORPHELIN

Paroles de ***

Musique de HAYDN

N° 36.
(p.78)

Andante religioso.

A.L.6888.

LE JEUNE CHASSEUR

MÉLODIE CONNUE

Paroles de M^r l'Abbé LALANNE

LA VISITE

Paroles de ***
Musique de MOZART

N.º 38.
(p.80)
Allegro.
Fê_tons la pré_sen_ce, Chantons, cé_lé_brons L'a_mi de l'en_
_fan_ce Que nous vé_né_rons. Fê_tons la pré_sen_ce, Chantons, cé_lé_
_brons L'a_mi de l'en_fan_ce Que nous vé_né_rons, L'a_mi de l'en_
_fan_ce Que nous vé_né_rons. Le plus bel hom_ma_ge, Of_fert par notre

_ ge Est le don pi _ eux, D'un cœur ver _ tu _ eux Fê _ tons la pré _
sen _ ce Chantons, cé _ lé _ brons L'a _ mi de l'en _ fan _ ce Que nous vé _ né _
_ rons L'a _ mi de l'en _ fan _ ce Que nous vé _ né _ rons. A cet _ te ma _
_ xi me: Science et ver _ tu, Ju _ rons tous es _ ti _ me, Et zèle as _ si _ du Et
zèle as _ si _ du Et zèle as _ si _ du Et zèle as _ si _ du.

LE PETIT OISELEUR
EN VACANCES

Paroles de M. l'Abbé **LALANNE**

Musique de **MOZART**

N° 39.
(p.82)

Allegro.

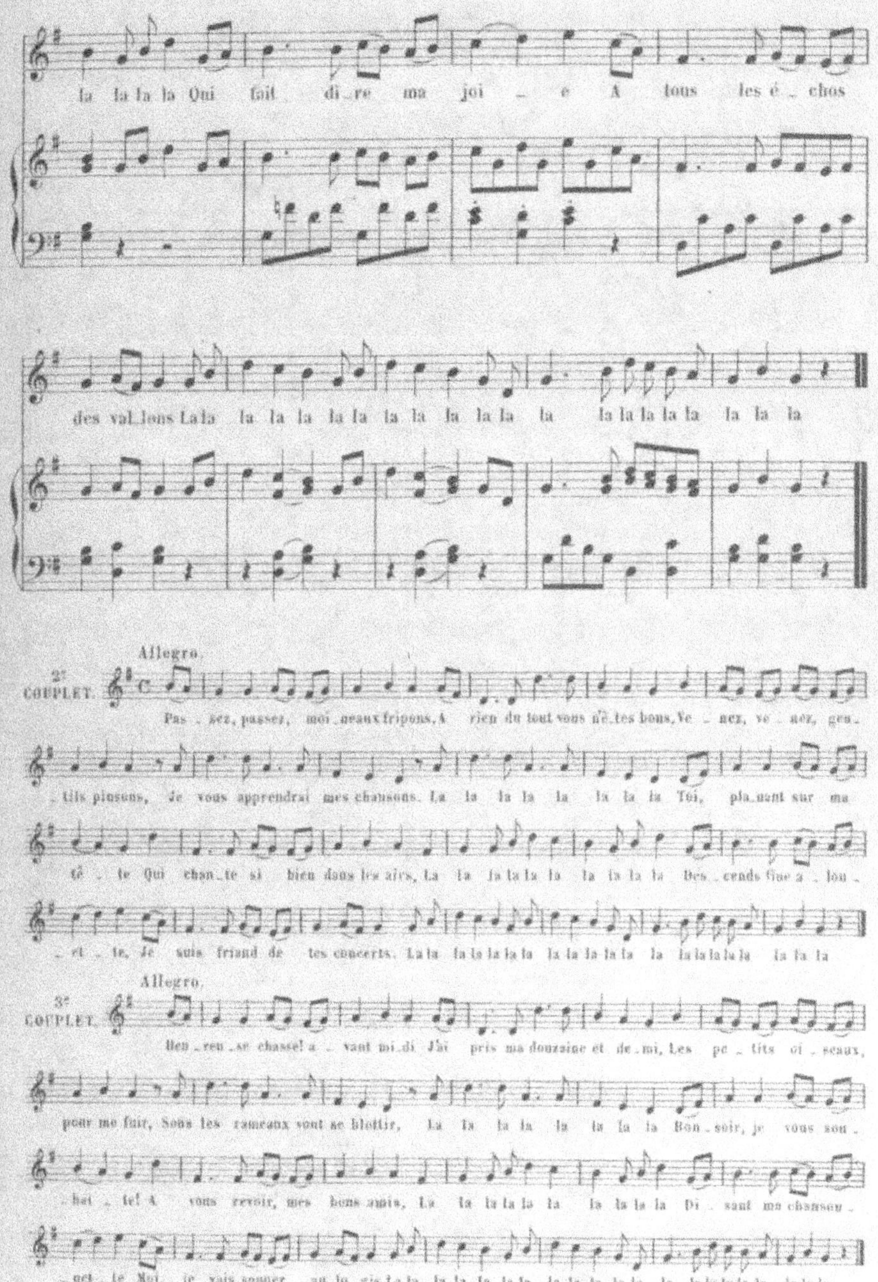
la la la la Qui fait di_re ma joi _ e A tous les é_chos

des val_lons La la la la la la la la la la la la la la la la la la la la la la la la la

Allegro.
2e COUPLET.
Pas _ sez, passez, moi _neaux fripons, A rien du tout vous n'ê_tes bons, Ve _ nez, ve _ nez, gen_

_tils pinsons, Je vous apprendrai mes chansons. La la la la la la la la la Toi, pla_çant sur ma

tê _ te Qui chan_te si bien dans les airs, La la la la la la la la la la la Des _cends fine a _ lou_

_et _ te, Je suis friand de tes concerts. La la la la la la la la la la la la la la la la la la la

Allegro.
3e COUPLET.
Heu _ reu _ se chasse! a _ vant mi_di J'ai pris ma douzaine et de _mi, Les pe _ tits oi _ seaux,

pour me fuir, Sous les rameaux vont se blottir, La la la la la la la la la Bon _ soir, je vous sou_

_hai _ te! A vous revoir, mes bons amis, La la la la la la la la la la Di _ sant ma chanson_

_net _ té Moi, je vais souper au lo_gis.La la la la la la la la la la la la la la la la la la la

L'AURORE

Paroles de ***

Musique de **MOZART**

N° 40.
(p. 83)

Moderato.

A.L. 6886.

L'ÉCOLIER CHASSEUR

Paroles de ***

Musique de ***

N° 41.
(p. 84)

LE SOUVENIR D'UNE MÈRE

Paroles de M. l'Abbé LALANNE

Musique de ***

N° 42.
(p. 85)

_meil
Auprès de toi veil.lait ta bonne mè _ re Pour te sou_
_rire au moment du ré _ veil.
1re
Rall. 2e
_rire au moment du ré _ veil.
Rall
2e COUPLET
Ta bouche en _ cor ne savait pas le di _ re, Mais tu savais, hé_las! dé_jà souf_
_frir Dans tes sou_pirs une mè_re eut li _ re, Et tu la vis aus_si_tôt ac_cou_rir; Lorsque tes
maux a_larmaient sa ten_dres_se Et le sen_tait plus que toi tes dou_leurs, Combien de
Rall
fois u_ne dou_ce ca_res_se Et ses bai_sers ont-ils séché tes pleurs, _sers ont-ils sé_ché tes pleurs.
1re
Rall
2e
3e COUPLET
O cher en _ fant, qui vois en_cor ta mè _ re, Qui peux en _ cor em_bel_lir ses des_
_tins; Ou_vre ton cœur au dé_sir de lui plaire, Préviens ses maux, a_doucis ses cha_grins; Un jour, hé_
Rall
_las! con_sa_lé de toi ren_dre Tous ces bien_faits que tu re_con_naî_tras, Tu n'auras
1re
2e
Rall
plus qu'à gé_mir sur sa cendre, Versant des pleurs qu'elle ne verra pas. pleurs qu'elle ne ver_ra pas.

LES JEUX

Paroles de M^r l'Abbé **LALANNE**

N° 43.
(p. 86)

Allegro.

REFRAIN.
Jeu_nes _ se, Sa_ges _ se, U _ nissez-vous a_vec a _ mour,_____ Sa_
_ges _ se, Jeu_nes _ se Charmez notre sé_jour! La la la la la la la la la la la
la la la la la la la la la la la la la la la la la la la la la la la la

2e COUPLET
Allegro.
Hi_ver, é_té, qu'on joue et qu'on s'a_mu_se, Fi du cré_tin qui s'ennuie et lan_guit;
L'ai_gle roy_al de_viendrait u_ne bu_se S'il croupis_sait dans un triste ré_duit;
Vite u_ne balle, on la rend, on la don_ne, Aux ma_la_droits ses coups sont des_ti_nés.
Ball. Au Refrain
C'est un bon_het qui n'a tué per_son_ne; Mais gare à toi, pos_sesseur d'un long nez.

3e COUPLET
Allegro.
En_tre deux camps, a_mis, qu'on se par_ta_ge. Il est un jeu cher à tout vrai François;
Car des com_bats les bar_res sont l'i_ma_ge: Plus d'un A_chille y fit ses coups d'essais;
Il fait trop chaud poussons au moins la bil_le, D'en gagner une, on est toujours content.
Ball. Au Refrain
Et si l'on perd ce n'est qu'une vé_til_le: Ce_lui qu'on tue est en_cor bien vi_vant.

LA BRIGANTINE
AIR ITALIEN

Paroles de CASIMIR DELAVIGNE

Nº 44.
(p. 88)

MAI

Paroles de ***   Musique de ***

N.º 45.
(p. 89)

Allegro moderato.

Allegro moderato.

2.ᵉ et 3.ᵉ
COUPLETS

LE PETIT FRÈRE

Paroles de Mᵐᵉ de GIRARDIN

Musique de MOZART

BÉBÉ MILITAIRE

Paroles de ***
Musique de ***

LES JEUNES GUERRIERS

Paroles de M. l'Abbé LALANNE

Musique de KUCKEN

Cresc.
fois: Comme un guerrier aux combats, Allons marquez bien le pas, A_van_cez tous, a_van_
cez tous à la fois. _____ Un, deux, trois, à la fois Un, deux, trois, à la fois.
2⁵ COUPLET.
Quand le clairon nous ap_pel_le, Formés en deux camps ri_vaux, Formés en deux camps ri_
vaux, Pleins de cou_rage et de zè_le, Nous sui_vons nos gé_né_raux.
Au Refrain.
3⁵ COUPLET.
Au de_vant de la vic_toi_re Nous cou_rons avec ar_deur, Nous cou_rons avec ar_
deur Où les lau_riers de la gloi_re Sont ré_ser_vés au vain_queur.
Au Refrain.
4⁵ COUPLET.
Ainsi pleins de con_fi_an_ce Nous at_tendons l'a_ve_nir, Nous at_ten_dons l'a_ve_
nir Pour vo_ler à la dé_fen_se D'un pa_ys qu'il faut ché_rir.
Au Refrain.

HONNEUR ET PATRIE

Paroles de M. l'Abbé LALANNE

Musique de ***

A.L.6888.

forts. Soy..ez bons, cou..rageux et forts Et ché..ris..
..sez a..près Dieu la Pa..tri..e Soy..ez bons, cou..rageux et
forts. Et ché..ris..sez a..près Dieu la pa..tri..e.
Rall.
2e COUPLET
Tempo di Marcia.
Sou..ve..nez-vous de vos il..lus..tres pè..res De ces guer..riers. des méchants la ter..
..reur, Qui jusqu'au bout du monde arboraient leurs ban..nières Pour fai..re triompher le bon droit et l'honneur.
3e COUPLET
Tempo di Marcia.
D'autres com..bats mè..nent à la vic..toi..re Et du sa..voir, les palmes ont leurs
prix. Mais la seule ver..tu surpasse tou..te gloi..re Heureux le jeune cœur de son bonheur é..pris.

CHANSON MILITAIRE

Paroles de ***

Musique de MOZART

Allegro.

Nº 50.
(p. 95.)

vu _ e   Est-il rien de plus beau pour la vu _ e?   Le spectacle est vraiment ravis _
_ sant,   Le spec _ tacle est vraiment ravis _ sant.   Le spectacle est vraiment ravissant.
2e COUPLET.   Le tam _ bour, le clai _ ron tout ré _ son _ ne: Le ca _ non a _ vec bruit gronde et
ton _ ne;   Le sol tremble et rou _ git; l'air fris _ son _ ne;   Brillant d'or, le drapeau flotte au
vent;   Bril _ lant d'or, le drapeau flotte au vent,   Bril _ lant d'or le drapeau flotte au vent.
3e COUPLET.   Près de lui, les enfants du vil _ la _ ge   E _ cou _ tant les récits d'un autre
â _ ge,   Ad _ mi _ rant les exploits, le cou _ ra _ ge   Bons sol _ dats veulent être à leur
tour,   Bons sol _ dats veulent être à leur tour,   Bons sol _ dats veulent être à leur tour.

LE CORBEAU ET LE RENARD

Méfiez-vous des flatteurs

Musique de DUMONT

LES DEUX CHIENS EN VOYAGE

Choisis tes amis.

Musique de ***

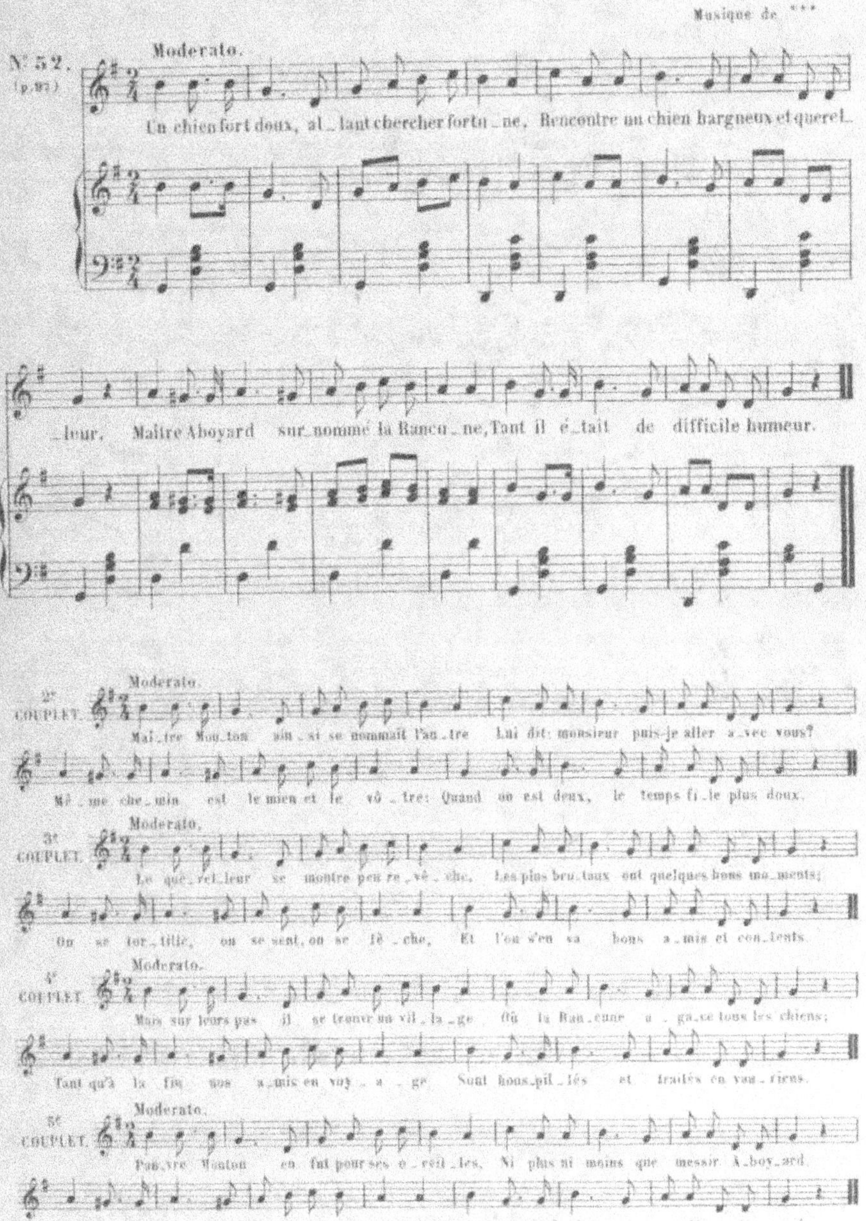

LE COUSIN ET L'ARAIGNÉE

Craignez la flatterie

Musique de ***

LE HÉRON

Ne perdez pas une bonne occasion pour en attendre une meilleure.

Musique de ***

LE RENARD ET LE LOUP

Bonnes gens sont dupes de leur obligeance.

Musique de ***

air joy_eux: Un loup passe et re_garde Eh! comment donc beau si_re, Es-tu, dit-
il. des_cendu dans ces lieux? Es-tu, dit-il, des_cendu dans ces lieux

3ᵉ COUPLET. Allegro.
Fort ai_sé_ment, bra_ve com_pè_re, dit le re_nard; fais com_me moi, I_ci tu trou_ve_
_ras de quoi faire grand' chère, Vois ce fro_mage, ou le garde pour toi, Vois ce fro_mage, ou le garde pour toi.

4ᵉ COUPLET. Allegro.
Dans ce seau grimpe en di_li_gen_ce, Il n'est pas là-haut vai_ne_ment, Un autre est i_ci_
_bas qui le contre_ba_lan_ce, Et la voi_ture i_ra fort douce_ment, Et la voi_ture i_ra fort douce_ment.

5ᵉ COUPLET. Allegro.
Le sot en_tra dans la ma_chi_ne, No_tre gaillard s'y mit aus_si, L'un en bas, l'autre en haut, en
mê_me temps che_mi_ne, Où vas-tu donc? bonsoir et grand mer_ci, Où vas-tu donc? bonsoir et grand mer_ci.

6ᵉ COUPLET. Allegro.
Mais quel é_tait ce beau fro_ma_ge Qui du gourmand fut l'ha_me_çon? La lu_ne qui pei_
_gnait dans l'onde son i_ma_ge: Pour nous tromper faut-il plus de fa_çon, Pour nous tromper faut-il plus de fa_çon

LES VACANCES

Paroles de M. l'abbé LALANNE

3e COUPLET
Allegro.
Pour mieux faire l'ou _ vra _ ge Il faut se re _ po _ ser, C'est donc ê _ tre bien
REFRAIN.
sa _ ge Que de bien s'a _ mu _ ser Gai! gai! gai, les é _ coliers, Chan _ tons tous les va _
_ can _ ces, Gai! gai! gai, les bons en _ fants, Chan _ tons notre heu _ reux temps.
4e COUPLET
Allegro.
Vrai _ ment ne vous de _ plai _ se, Di _ tes-moi donc pour _ quoi Je suis tant à mon
REFRAIN.
ai _ se Quand je sou _ pe chez moi? Gai! gai! gai, les é _ coliers, Chan _ tons tous les va _
_ can _ ces, Gai! gai! gai, les bons en _ fants, Chan _ tons notre heu _ reux temps.
5e COUPLET
Allegro.
A _ vec ma ten _ dre mè _ re, Je suis tou _ jours heu _ reux; La rai _ son en est
REFRAIN.
clai _ re Je fais ce que je veux. Gai! gai! gai, les é _ coliers, Chan _ tons tous les va _
_ can _ ces, Gai! gai! gai, les bons en _ fants, Chan _ tons notre heu _ reux temps.
6e COUPLET
Allegro
Le pi _ re de la cho _ se, C'est qu'il faut re _ ve _ nir: Ne sait pour quelle
REFRAIN.
cau _ se Ça ne fait pas plai _ sir Gai! gai! gai, les é _ coliers, Chan _ tons tous les va _
_ can _ ces, Gai! gai! gai, les bons en _ fants, Chan _ tons notre heu _ reux temps.
7e COUPLET
Allegro.
A _ dieu, pu _ pitre et li _ vre Fi _ dè _ les com _ pa _ gnons; Sans vous nous pourrons
REFRAIN.
vi _ vre Mais _ nous nous re _ ver _ rons Gai! gai! gai, les é _ coliers Pro _ fi _ tons des va _
_ can _ ces, Gai! gai! gai, les bons enfants Don _ nons-nous du bon temps.

LES PRIX

Paroles de M. l'Abbé **LALANNE**

Musique de ***

N.º 57.
(p.102)

Tempo di Marcia.

FIN.

L'a _ mour insensé du plaisir_____ É _ ga _ re le jeune â _ ge; Ne vou_
_loir que se di _ ver _ tir_____ Ce n'est pas ê _ tre sa _ ge Ce
n'est pas ê _ tre sa _ ge. Se _ mons au beau printemps_____ Pour cueillir en au_
_tom _ ne Car c'est le travail qui don _ ne, Et ver _ tus et ta_
_lents,_____ C'est le travail qui don _ ne, Et ver _ tus, et vertus et ta_lents

LA DISTRIBUTION DES PRIX

Musique de GLÜCK

_plis, A_vec a_mour, ô tendres mères A_vec fier_té,_
vous,di_gnes pè_res,Couron_nez le front de vos fils. Couron_nez le_
front_ de vos fils, A_vec fier_té, vous,dignes pè_res,Couron_nez le
front de vos fils. Couron_nez le_ front_ de vos fils.
ff
ff
Rall.
Rall.

VACANCES!

Paroles de M^r l'Abbé **LALANNE**

Musique de ***

_ran _ ce, Va _ can _ _ _ ces! Va _ can _ _ ces!
Vous qu'on ap_pelle a_vec ins_tan _ _ ces, Quand viendrez-vous enfin com_
_bler nos vœux Quand viendrez-vous, quand viendrez vous en _ fin combler nos
vœux? en _ fin, enfin com_bler enfin com _ bler nos vœux?

LA COURONNE

Paroles de M^r l'Abbé LALANNE

Musique de MOZART

Paris,Imp.A.Chaimbaud et Cie.

TABLE DES MATIERES

PREMIÈRE PARTIE

DEUXIÈME PARTIE

TROISIÈME PARTIE

MORCEAUX DE CHANT